四大名著与京畿文化

周醉天　韩吉辰　张建强　著

燕山大学出版社

·秦皇岛·

图书在版编目（CIP）数据

四大名著与京畿文化 / 周醉天，韩吉辰，张建强著.
秦皇岛 ： 燕山大学出版社，2025. 3. -- （燕山史话丛书）.
ISBN 978-7-5761-0765-4

Ⅰ. G127.2

中国国家版本馆 CIP 数据核字第 2025CJ0093 号

四大名著与京畿文化
SI DA MINGZHU YU JINGJI WENHUA
周醉天　韩吉辰　张建强　著

出 版 人：陈　玉		图书策划：陈　玉　耿学明　董世非		
责任编辑：宋梦潇		版式设计：柳　萌		
责任印制：吴　波		封面设计：吴　波		
出版发行：燕山大学出版社		电　　话：0335-8387555		
地　　址：河北省秦皇岛市河北大街西段 438 号		邮政编码：066004		
印　　刷：涿州市般润文化传播有限公司		经　　销：全国新华书店		

开　　本：880 mm × 1230 mm		印　　张：8.875	
版　　次：2025 年 3 月第 1 版		印　　次：2025 年 3 月第 1 次印刷	
书　　号：ISBN 978-7-5761-0765-4		字　　数：168 千字	
定　　价：58.00 元			

总　序

  燕山大学出版社与本丛书主编共同推出的"燕山史话丛书"，选题新颖，涵盖广泛，是一套普及性的学术丛书。

  "骏马秋风冀北，杏花春雨江南"，道出南北地理文化巨大的差异。读赏古代诗歌名作，"燕山"地名给读者留下三个深刻印象。一是北方边塞的风雪奇寒，如唐李白《北风行》："燕山雪花大如席，片片吹落轩辕台。"二是与北方游牧民族相邻，如北朝乐府《木兰诗》："旦辞黄河去，暮至黑山头，不闻爷娘唤女声，但闻燕山胡骑鸣啾啾。"三是北方边塞战场的代名词，如唐李贺《马诗二十三首·其五》："大漠沙如雪，燕山月似钩。何当金络脑，快走踏清秋。"与"燕山"同类的文化地理名词是"冀北"和"辽西"，常用来摹写征人思妇的刻骨思念之情，如唐高适《燕歌行》："少妇城南欲断肠，征人蓟北空回首。"唐金昌绪《春怨》："打起黄莺儿，莫教枝上啼。啼时惊妾梦，不得到辽西。""冀北""辽西"在历史上都曾在燕国的版图之内。"燕山史话"写作的地域范围就限定在燕赵大地，即今天的京津冀地区。

一、胡焕庸线、400 毫米等降水量线、燕山长城与京津冀文化

中国地理学家胡焕庸在 1935 年提出划分中国人口密度的一条对比线，被地理学界称为"胡焕庸线"，这条线是从黑龙江省瑷珲（今黑河市南）到云南省腾冲之间划一条连线，大致为倾斜 45 度直线。这是中国人口发展水平和经济社会格局的分界线，不仅是中国气候环境的过渡带，还对中国人口分布和区域发展具有重要约束作用，把全国划分为东南半壁和西北半壁：前者占全国国土面积 36%、总人口 96%，以平原、水网、丘陵等地貌为主要地理结构，自古以农耕为经济基础；后者人口密度极低，其占有全国国土面积的 64%，却只有全国人口的 4%，乃草原、沙漠和雪域高原的世界，自古以来是游牧民族的天下。胡焕庸线在某种程度上也成为中国城镇化水平的分割线：这条线的东南各省区市，绝大多数城镇化水平高于全国平均水平；而这条线的西北各省区市，绝大多数城镇化水平低于全国平均水平。

在中国地图上，将年降水量为 400 毫米的点连起来，大兴安岭西坡—张家口—兰州—拉萨—喜马拉雅山脉东部，气象学界称之为"400 毫米等降水量线"。这条重要的地理分界线，是半湿润区

和半干旱区的分界线，也是森林植被与草原植被的分界线。

翻开当代地图，我们会看到，京津冀地区恰好处在胡焕庸划分出的东南半壁，而明代燕山长城几乎就落在 400 毫米等降水量线上。这惊人的吻合，说明古人睿智地知晓农牧交错带的位置，正因如此，他们才将长城这道防御工程建在这里。

在中国历史上，京津冀是农耕、游牧两大文明系统之间碰撞、交流与融合的地区，也是多民族文化发展的重要区域，历史文化悠久而丰厚。先秦时期，燕地在原有燕氏族文化的基础上，吸收融合了东胡、山戎等北方部族文化，形成了燕文化。从魏晋南北朝到隋唐时期，北方少数民族大举南下，入主中原，幽蓟地区轮番被北方民族和中原政权占领，致使胡汉杂居的社会文化现象更为突出。

另外，京津冀地区是中国近现代工矿、交通、商贸重要的发源地之一，是中国近现代学术、教育、思想、文化最活跃的区域之一，也是近代史上众多具有划时代意义的重大历史事件的发生地。在工业方面，有天津机器局、直隶模范纺纱厂、唐山机车厂、启新洋灰公司等；矿业有开平矿务局、井陉煤矿、磁县煤矿、平泉铜矿等；现代交通则有京承铁路、京汉铁路、京奉铁路、京绥铁路等。京津冀地区是近代学术文化最活跃的区域之一，众多高校云集，如燕京大学、清华大学、北洋大学、南开大学；也是众多学术大师汇集之地，如清华"国学四大导师"、胡适、蔡元培等。京津冀地区还是近代革命活动及重大事件的发生地，现代历史的五四运动、一二·九运动、七七事变、北平和平解放、开国大典等事件均发生于此。

二、燕山山脉与燕山文化

燕山山脉位于北京市、天津市和河北省的北部，为中国北部著名山脉之一。它西起北京市的关沟地区，东至渤海湾畔秦皇岛市。其西翼支脉别称军都山，潮白河河谷以东为燕山主脉。海拔在400—2200米之间，主峰雾灵山在河北省兴隆县境，海拔2116米。滦河切断山体，形成峡口——喜峰口，潮河切割，形成古北口等，自古为南北交通孔道。

燕山山脉，山势陡峭，地势西北高，东南低，北缓南陡，沟谷狭窄，地表破碎，雨裂冲沟众多。以潮河为界分为东、西两段，东段多低山丘陵，海拔一般1000米以下，西段为中低山地，一般海拔1000米以上，山脉间有承德、平泉、滦平、兴隆、宽城、延庆、宣化、遵化、迁西等盆地或谷地，为燕山山脉中主要农耕地区。

燕山沿山脊筑有长城，地势险要。居庸关、古北口、黄崖关、喜峰口、山海关是燕山长城的重要关隘。在古代与近代战争中，燕山是兵家必争之地。燕山山脉最东端的山海关，是沟通东北、华北两地的咽喉，自古以来就是由东北地区进入华北地区的重要通道。燕山地区水资源丰厚，蓄水量超过 20 亿立方米的大型水库有三座：密云水库、官厅水库和潘家口水库。

南北气候的差异在燕山南北形成迥然不同的地理特征和社会文化模式。山之北，高原苦寒，干旱少雨，游牧民族逐水草而居，马背上的民族，迁徙不定；山之南，农耕社会安土重迁，肥沃的山林和平原适宜五谷百果的生长。处于山北的社会力量，常存跨越燕山掠取南面土地的觊觎；而护卫家园，抵御入侵，则是山南政权长期面临的考验。几千年来，炊烟与烽火、干戈和玉帛，在这片山脉中交替呈现。

燕山山脉是华北平原北部的重要屏障，自西周北京地区建立燕国（都城在今北京房山）、蓟国（都城在今北京城区）时，直到宋代，都是中原统一王朝的北部边疆，是抵御北部草原民族、东北地区少数民族南侵的天然屏障。因此，历代朝廷极其重视燕山的"天险"作用，为防御北部少数民族的侵扰，保障有序往来，在燕山山脉大规模修建长城，设立关口，直到明代。长城是燕山山脉现存最大规模的世界文化遗产。

自金代在北京建都（金中都）之后，经历元明清三代，北京一直为帝王专制王朝的国都。明代，皇家陵寝选在离都城不远的北偏西方向，被认为风水极好的燕山浅山地区，即明十三陵。清代，皇帝在北京的东北方向燕山北侧（今承德地区）设围场，一方面用于打猎练兵，另一方面为与北部草原蒙古族交融交好，在承德选址建造行宫，以方便处理朝政外交和避暑休闲——这就是承德避暑山庄。

京津冀地区有 19 个国家级地质公园，包括两个世界地质公园，燕山山脉就有 7 个，占 1/3 以上；京津冀地区有 12 处世界文化遗产，燕山山脉就有 4 处（项），占 1/3；京津冀地区有 21 家 5A 级景区，燕山山脉就有 8 家，占 1/3 以上。由此可见，燕山山脉集聚了京津冀 1/3 地质地貌和历史文化的顶级旅游资源，是呈现燕赵文化、长城文化、京畿文化、直隶文化、京津冀文化的典型文化景观。

三、传统的燕赵文化

古燕赵文化区包括今河北省以及陕西、山西、河南、山东、内蒙古的部分地区。北京是燕文化的中心区域，与河北省南部以邯郸为代表的赵文化共同构成了燕赵文化区。元明清三朝定都北京，对河北燕赵大地的政治地位、经济发展、社会生活以及风俗民情等等，都产生了直接而深远的影响。此前作为游牧与农耕文化结合部的河北大地，由游牧部族入侵中原的跑马场，变成了京师文化辐射的京畿地区。河北地域在承继燕赵历史文化传统与精神的同时，又不断吸收京师文化内涵，融入皇权文化、精英文化和满蒙文化的诸多要素。

燕赵文化，是战国时期在燕国和赵国疆域内产生的一种区域文化。其四至范围是：南以黄河、东以渤海、西以太行、北以燕山为界。燕赵区域属于平原地区的农耕文化。燕文化形成，以燕昭王延揽人才、报复伐齐和燕太子丹谋刺秦王为主要标志，形成慷慨悲歌的文化特征；而赵文化则以赵武灵王胡服骑射为代表，体现注重实用、勇于改革的精神。胡服，指西北戎狄之短衣窄袖的服装，与中原汉族宽衣博带长袖大不相同。骑射，指周边游牧部族的马射（即骑在马上射箭），有别于中原地区传统的步射（徒步射箭）。从此，赵国军装改进为短衣窄袖，轻便灵活；相应的战争方式由步射转为骑战，这种大刀阔斧的改革为国家的稳固和发展奠定了基础。

从地理环境和生产方式上看，燕赵文化与其相邻的三晋、关中、中原、齐鲁等区域文化大体趋同；但从文化特征上看，燕赵文化的典型特征就是慷慨悲歌、豪气任侠。这种独特的文化特征形成于战国时期，至隋唐时期仍为人所称道，到明清时期其遗响仍存在，形成悠久而稳定的文化传统——既不同于中原文化、关陇文化，又与齐鲁文化、江浙文化大异其趣。太行山和燕山山脉是燕赵区域的西界和北界，成为除黄河以外界定燕赵区域重要的地理标志。

四、京畿文化的渊源

清代直隶省以今京津冀地区为主，作为畿辅重地，因地理位置的特殊，加之复杂的人口构成和人文环境，其治理难度远超其他省份，故直隶总督又称"八督之首、疆臣领袖"。其辖域范围和行政职能，正如设在保定的直隶总督署大门楹联所书：北吞大漠，南亘黄河，中更九水合流，五州称雄，西岳东瀛一屏障；内修吏治，外肄戎兵，旁兼三口通商，一代名臣，曾前李后两师生。其中"曾前李后两师生"指曾经担任直隶总督的晚清名臣曾国藩和李鸿章师生二人。

"京畿"本义是指国都及其附近的地区，特指以我国古代金、元以来都城北京为核心的周围地区，大致相当于今天北京、天津、河北三省市所在的区域。京津冀地区人口加起来有 1 亿多，土地面积有 21.6 万平方千米。地缘相接、人缘相亲，地域一体、文化一脉，历史渊源深厚，完全能够相互融合、协同发展。

从历史沿革上分析，天津曾与京、冀同属燕国、幽州、冀州等行政区划。明永乐二年（1404 年），始设天津卫；至清雍正九年（1731 年），单立为府。至清咸丰十年（1860 年）英法联军强迫清政府签订了《北京条约》，天津被迫开埠，使本与京冀同体的文化板块受到巨大冲击，外来的异质文化元素不断逐渐融入，形成南北交融、中西合璧、雅俗共赏、别具一格的津沽文化。

天津与河北，你中有我，我中有你，血脉相通，难以切割。从1912年至今，百余年间河北省省会迁移多次，天津曾三次作为河北省的省会，长达24年之久，时长远超保定（10年）。另外，1973年，由河北省划入天津市的武清、宁河、宝坻、静海、蓟州等区县，从2000年至2016年分别升格为武清区、宁河区、宝坻区、静海区、蓟州区。这对天津市的政治、经济、文化均产生了重大的影响。

五、天津"开埠"，推进直隶经济的时代转型

天津开埠后，直隶经济变迁开始明显加剧，突出表现在近代工商业的发展与农业趋新等方面，而传统经济形态转型也日益明显。三口通商大臣崇厚，在处理口岸贸易政务的同时，在天津筹设军火机器局（后称"天津机器局"），及至李鸿章任直隶总督兼北洋大臣后，接手该局并着力改进和发展，使之成为北方最大的官办军工厂。李鸿章在光绪初年主持筹办官督商办企业——开平矿务局（开平煤矿），在招商集股、雇佣工人、生产模式、运输营销和经营管理等环节上凸显"新型"因素，并发挥明显的示范辐射、连

带衍生效应。在李鸿章任上，天津电报总局的设立、新型邮政业的开启，标志着天津近代文化呈现引领天下的新气象。到袁世凯任直隶总督时，正值清末新政实施期间。他对经济较为重视，特别善用现代经济管理的行家里手，使新型的工业、商业、金融业等在辖区内全面发展。如直隶工艺总局，"为振兴直隶全省实业之枢纽"，在其带动之下，直隶省诸多州县的工艺局（厂、场、所）纷纷设立，典型地体现出由传统经济向新型经济过渡发展的时代进步性。

六、京津冀协同发展战略

北京市、天津市、河北省，虽分属于三个不同的行政区划，但在自然空间上却紧密相连为一体，在漫长的历史上同为一个整体，在文化根脉上属于同源共生。在太行山以东、渤海海岸以西的辽阔的国土上，在辽之前，一直以燕赵文化为主导；另外，还包蕴着平原文化与高原文化、内地文化和海洋文化、农耕文化与游牧文化、华夏文化与胡夷文化等，在不断碰撞、交融中，逐渐趋向融合。

在京津冀协同发展战略实施 10 周年之际，《京津冀地区主要历史文化资源分布图》发布。该图展示了京津冀地区主要历史文化资源的空间分布情况：截至 2023 年，中国有 57 项世界级的文化遗产，其中京津冀地区有 8 项，分别为长城、明清故宫（北京故宫）、周口店北京人遗址、承德避暑山庄及其周围寺庙、北京皇家祭坛——天坛、北京皇家园林——颐和园、明清皇家陵寝、大运河。该图还展示了全国重点文物保护单位以及中国历史文化名城、名镇、名村等。截至 2023 年，京津冀地区共有 8 个中国历史文化名城，10 个中国历史文化名镇，38 个中国历史文化名村。在国务院已公布的 8 批共 5058 处全国重点文物保护单位中，京津冀地区有 474 处，包括北京的故宫、皇史宬、居庸关云台、北京大学红楼等，天津的独乐寺、千像寺造像、北洋大学堂旧址、平津战役前线司令部旧址等，河北的隆兴寺、保定钟楼、西古堡、西柏坡中共中央旧址等。

京津冀地区历史文化资源形成多个聚集区，分别为：北京及周边历史文化资源聚集区，天津历史文化资源聚集区，保定历史文化资源聚集区，张家口历史文化资源聚集区，正定、石家庄历史文化资源聚集区，承德历史文化资源聚集区，秦皇岛（北戴河、山海关）历史文化资源聚集区，以唐山、丰润为中心的京东历史文化资源聚集区，蔚县历史文化资源聚集区，邯郸及周边历史文化资源聚集区。京津冀地区历史文化资源聚集区，除北京、天津两大都市外，基本以河北省重要的地级市为内核，体现了历史形成的区域行政中心对历史文化产生的凝聚作用。

七、"燕山史话丛书"的创意和写作宗旨

历史决定思维的深度，地理决定视野的广度。"燕山史话丛书"以"燕山"这个广义的历史地理概念为中心，旁及燕赵文化、京畿文化、直隶文化等，以京津冀地域文化特征贯穿全套丛书，包括人文历史的演变、区划沿革、地域特色、文化个性、文化艺术成果等较为丰富的内容。

"燕山史话丛书"的写作原则，概括为六个字：科普、史话、燕山。科普是丛书性质，史话是写作文体，燕山是地域范围。"科普"，即强调科学性，知识须准确；要求普及性，即深入浅出，通俗易懂。"史话"，即以历史事件为主要内容，以成语、典故、人物为媒介或基础，讲好故事，传播知识，赓续文化。"燕山"，即以燕山地域为中心（涵盖燕赵大地、京畿地区、直隶省、京津冀等地理范畴），并旁及相邻或相关的其他地域。

北京出版社 1963 年出版的《燕山夜话》，是当代政论家邓拓的杂文集，可谓家喻户晓。生活·读书·新知三联书店 2020 年出版的《燕山诗话》，是著名报人罗孚对当代文人旧体诗作的评论集，在知识界影响很大。二书均以"燕山"冠名，皆因创作并出版于北京。本丛书亦以"燕山"冠名，一是以京津冀地区为史话题材的地域范围；二是书名与出版机构——燕山大学出版社重合；三是

表达对《燕山夜话》《燕山诗话》两书的敬意，并抒发瓣香前贤、与有荣焉的心境。

"燕山史话丛书"每一辑由四五部书稿组成，分别从京津冀地区的经济、政治、军事、史学、文学、艺术、饮食、服饰、交通、建筑、礼俗等不同的方面，作比较全面系统的介绍。各类书稿，按计划，有条不紊地逐年推出。在强调有较强的学术性、科学性的基础上，表述方式力求通俗易懂，雅俗共赏，突出个性，形成系列。

希望本丛书能多专题、多角度、多层次地反映京津冀文化的主流和特点，使读者能够从中认识和了解中华文化的精神实质。欢迎各位读者对本丛书提出批评和建议，使之趋于成熟和完善。

谭汝为、周醉天
写于 2024 年 7 月 30 日

引　子

　　四大名著与京畿文化，似乎并无交集。因为说到《三国演义》，人们自然想到是魏蜀吴三国的演义，而火烧赤壁、失街亭、空城计、斩马谡这些桥段的发生地，几乎都是在长江两岸、荆楚大地和陇右地区，似乎《三国演义》主要反映荆楚文化；而读者也会认为水泊梁山在山东，那么《水浒传》当然是反映齐鲁文化的作品；与以上两部历史小说不同的是，《红楼梦》纯属杜撰，它的人物和地域范畴都是虚拟的，那这部作品又是什么文化呢？《西游记》源于赴西天取经，一路上发生的故事多在西域。总之，四大名著与京畿、京畿文化似乎并无交集。

　　本书另辟蹊径，反其道而行之，偏偏就围绕京畿地域，从京畿文化的角度，分别探析其与四大名著之交集，给四大名著一个另类解读，京畿版解读。

　　首先说《三国演义》，这是根据三国时期真实历史改编的小说。人们熟知的是魏蜀吴三国在荆楚大地角逐的故事，但人们忽略的是三国在形成过程中，尤其曹魏，其形成，那可是在中原大地逐鹿、燕赵大地厮杀的。所以在《三国演义》以及《三国志》里，有诸多对燕赵壮士的描写，这也便是"燕赵多慷慨悲歌之士"的文化写照。

《水浒传》的水泊梁山 108 条好汉可不都是山东人，当然山东人最多，有 39 位，其次就是京畿地区的好汉，有 17 位。包括玉麒麟卢俊义（大名府）、入云龙公孙胜（蓟州）、小旋风柴进（沧州）、行者武松（清河）、急先锋索超（大名府）、浪子燕青（大名府）等。除此之外还有在蓟州当差的杨雄、做买卖的石秀和当地人潘巧云，以及在蓟州当地传说的祝家庄、扈家庄、李家庄等地的好汉。这些京畿好汉演义的爱恨情仇，占据了水浒故事的近半数，并鲜明地勾勒出水浒故事里的京畿文化版图，敢爱敢恨，敢作敢当。需要指出的事，这里所说的京畿地区，实际上指的是明清的京畿，今天也叫京津冀地区，而非宋朝的京畿。

《红楼梦》的作者是谁已经是一个百年之谜。不是曹雪芹吗？是曹雪芹，但是曹雪芹又是谁呢？曹雪芹不过是个笔名，真实的作者到底是谁？这个课题是胡适创立考证派红学并考证出曹雪芹以及江南织造府的故事。本书进一步考证作者在天津水西庄生活 10 年，才有机会生活在堪比皇家园林的大观园原型里，才有机会接触皇帝和妃子的迎送排场，才体验了万般奢华的生活场景，这不就是在京畿地区写皇家文化。这京畿水西庄文化成就了《红楼梦》的贵族文化。不管作者是八旗子弟、包衣的后代，还是晚明遗民，小说指向的地域无疑是明清之京畿，其文化则更多体现了京畿文化中的皇家文化和贵族文化。

《西游记》写西天取经是众所周知，但鲜为人知的是，在中国历史上其实有两次西行。历史上曾把两次西行混淆起来，直到鲁迅才把它们分清楚。而其中一次西行的主角丘处机，他的思想曾影响了金元两朝文化，并且恰好此时，北京开始成为首都，那么丘处机的修行、作为、理论也影响了北京的首都文化。"一言止杀"的真实性不管有多少，但至今这 4 个字依然在白云观里接受人们的凭吊。

本书所配插图也值得品味，那繁杂粗犷的线条里，隐藏着生动的眼神，像灵魂一样，熠熠发光。这是一种前卫的画风。本书的插图作者是李伟老师。

引子后面别有洞天，请看下一页——

《三国演义》篇

英雄本色

关羽　　　　　　　　　　插图 李伟

桃园三结义于燕赵之地

在这一节里，我们给您讲关于刘备的两个故事：讲一个与张飞、关羽结拜的大哥刘备的故事，再讲一个把督邮绑起来抽的狰狞的刘备的故事。

桃园三结义

《三国演义》开篇是那首著名的词，一首被传唱成当代流行歌曲的《滚滚长江东逝水》。

滚滚长江东逝水、浪花淘尽英雄、是非成败转头空、青山依旧在、几度夕阳红；白发渔樵江渚上、惯看秋月春风、一壶浊酒喜相逢、古今多少事、都付笑谈中。

这是明朝诗人杨慎的临江仙词，这首词与《三国演义》，甚至与三国时期魏蜀吴三分天下的那一段历史本没有任何关系，但是却被罗贯中看中了，被放置卷首，成为《三国演义》的开篇词。

作者为什么把这首词置于《三国演义》的篇首呢？我们后面再讲。

我们先讲《三国演义》的第一回"宴桃园豪杰三结义，斩黄巾英雄首立功"。"桃园三结义"是一个大家都很熟悉的典故。

这段故事发生在汉朝末年，当时朝廷腐败，皇帝昏庸，国将不国，民不聊生，于是农民揭竿而起，爆发了黄巾起义。四面八方的百姓，裹着黄色的头巾，跟着一个叫张角的人造了反，数十万人，声势浩大，官军望风而逃。朝廷火速降诏，令各府各县准备防御，并且征兵，组建军队，讨贼立功。这就将故事引入燕山地域，"幽州太守刘焉——闻得贼兵将至——随即出榜招募义兵"。

三国时期的幽州，是东汉刘秀建立的十三州之一，幽州地域广大：从河北省中部至山东省马颊河，北至内蒙古自治区赤峰市、敖汉旗一带，西起河北省万全、涿鹿、易县等县，东到辽宁省大部、吉林省一部及朝鲜半岛大部，当然包括今天的北京、天津，其治所是蓟城（蓟县），但是三国时期的这个蓟城，并非今天的天津蓟州，而是今北京市区西南广安门附近地区，您看今天北京东三环上有一个地名，叫蓟门桥，就是那时蓟城遗留下来的地名。那为什么现在北京没有蓟城了，而天津却有蓟县（天津蓟州）？地名是可以"长腿儿"的，蓟县先是在北京，后来地名"走"了，到了天津。那么，地名本没有腿，它是怎么"走"到天津的呢？

"蓟"在古代指北京地区。西周初年，周武王分封黄帝的后代于蓟国，"蓟"成为当时的诸侯国名和都城名。后来，燕国兼并蓟国并迁都于蓟城，蓟城则成为燕国都城。秦代设此地为蓟县，为广阳郡郡治所在地。汉、三国时期为幽州蓟城。隋朝大业年罢州置郡，改幽州为涿郡。唐武德元年（618年）复为幽州，治所在蓟县；唐贞观元年（627年），幽州划归河北道；天宝元年（742年）安禄山任平卢节度使，两年后兼任范阳节度使，此地成为范阳节度使驻地。著名的安史之乱，就是安禄山在此地称帝，建国号为"大燕"。从此，由于安史之乱名声太大，人们就把此地称为范阳，而忽略了原名"蓟"。此后，此地随燕云十六州被割让给契丹，辽国建陪都于此，改名南京幽都府，开泰元年又改为析津府。贞元元年（1153年），金朝正式建都于此，称为中都。自元朝起，此地开始成为全国的首都，称为元大都。明朝时称北平府，燕王朱棣夺得皇位后，于永乐元年（1403年）改北平为北京，北京从此得名。

"蓟"何时跑到天津的？

咱也从头说起。天津蓟县在春秋时期，称无终子国，都城也在此地。秦代，置无终县，属右北平郡并为郡治。三国时期，这里叫作无终县，北魏时此地属渔阳郡。隋大业三年（607年），此地为渔阳郡治；大业末年，无终县改名渔阳县。唐开元五年（717

年），此地归属幽州。唐开元十八年（730 年），正是上一段文字中幽州划归河北道，从幽州析出蓟州，其中原幽州的渔阳、三河、玉田 3 县属蓟州，渔阳为州治，这是天津蓟州之所以叫蓟的开始。蓟州州治在渔阳，人们会愿意称呼级别高的称谓，于是渔阳县名名声渐弱，蓟州州名成为流行。随后此地成为范阳节度使安禄山属地。五代时，此地随燕云十六州也被割让给契丹。元朝定都北京，此地设大都路，领渔阳、平谷、玉田、遵化、丰润 5 县，州治在渔阳县；明洪武初年，撤渔阳入蓟州，辖平谷、玉田、遵化、丰润属顺天府，渔阳正式成为蓟州。清乾隆八年（1743 年），不辖县。1913 年，蓟州改称蓟县，属顺天府。1949 年以后蓟县属河北省，1973 年蓟县划归天津。

至此，蓟（名字）从北京跑到天津，这就是"地名长了腿儿"。但是有一点是需要说明的，即无论是北京的蓟城，还是天津的蓟州，都是燕山脚下，都属燕山文化带。

《三国演义》正是以发生在燕赵大地上的黄巾起义作为开篇的历史背景。

黄巾起义的主角叫张角，是一个极为普通的人物，也是燕赵大地的人物。燕赵多慷慨悲歌之士，张角也确实是燕赵大地走出的壮士。

英雄不问出处，张角是一介平民。他一无田亩、二无银两、三无势力、四无背景，家族内无一官员，无一商人，都是面朝黄土背朝天的普通农民。但是张角还有一个身份——道士。一个穷道士，在乡村里本掀不起任何波澜，但是他的家里却有一本道教的经书，凭借着对经书的熟读，他便开始了一个新职业——郎中。在那个年代，江湖郎中很少有经过系统学习培训的，大多自学成才，我们说人有运气好坏，运气好的，就是对你有利的偶然性事件发生了；运气不好，就是对你不利的偶然性事件发生了。张角恰恰是运气好，对他有利的偶然性都发生了，用今天的话讲就是他治病治愈率比较高。我们无法考证到底是他的药方灵验，还是运气好，总之他名声大噪，求医问药的人越来越多，然后他就被神化了。

张角被神化以后，就成了一方教主。他拥有大量"粉丝"，"粉丝"集合，分门别类，就形成了一股势力，而当这股势力发展到非常巨大的时候，张角心里的那种长期被压抑被压迫的心态就生发出造反的冲动，于是，一场农民起义便由此爆发。如果我们平铺直叙，就是东汉末年朝廷腐败、皇帝昏庸、灾祸连连、民不聊生、官逼民反，于是爆发了大规模的农民起义。

张角，今河北巨鹿人。巨鹿县在今河北省中南部，隶属邢台市，位于古黄河、漳河冲积平原上。当各地义军在邺城（今河北临漳，邺城是中国八大古都之一，古邺城在漳水之北，即今河北临漳县西南的邺镇、三台村迤东一带）集结后，黄巾起义便爆发了。起义很快就蔓延到河北的大部分地区。

且说张角一军，前犯幽州地界。幽州太守刘焉出榜招募义兵，以抵抗起义军。榜文张贴到涿县，引来了《三国演义》主人公的围观，才有了"桃园三结义于燕赵之地"这段故事，有了《三国演义》这部名著。

"榜文行到涿县，引出涿县中一个英雄。那人不甚好读书，性宽和，寡言语，喜怒不形于色，素有大志，专好结交天下豪杰；生得身长八尺，两耳垂肩，双手过膝，目能自顾其耳，面如冠玉，唇若涂脂。"《三国演义》的这一番描写很是生动，描写的是刘备。说刘备是"中山靖王刘胜之后，汉景帝阁下玄孙"，说刘备"（玄德）幼孤，事母至孝；家贫，贩屦织席为业"。此时的刘备，纵然是皇族后裔，也已然家贫，甚至靠织席子、卖鞋子讨生活了。

天津著名相声大师苏文茂在《批三国》中说《三国演义》里有三个做小买卖的，第一个就是刘备。苏大师说刘备是"织席贩屦小儿"，调侃刘备卖过草鞋。这是真的吗？是真的。《三国志》是这么写的："先主（刘备）幼孤，与母贩屦织席为业。"为什么皇帝后裔家道贫寒，以至于沦落到以买鞋为生计的地步？是因为刘备祖上"坐酎金失侯"罪，才流落在涿县。

酎金就是诸侯献给朝廷供祭祀用的贡金，也就是金条、金砖之类。汉武帝时期诸侯国众多，各有实力，形成政治上很不安定的因素，于是汉武帝采取措施打击诸侯势力。各诸侯王在献酎金时，皇帝亲自接受，如果发现黄金的分量或成色不足，就要受罚，削官夺爵，公元前112年即元鼎五年，汉武帝发难，借口列侯所献的助祭酎金分量和成色不足，夺爵106人。"酎金失侯"是汉朝一个重大案件，涉事贵族上百人。刘备祖上即因此案被夺去侯爵勋位而遗在涿县，家道中落，至刘备时，家贫。

涿县，即今涿州市，河北省辖县级市，由保定市代管。地处河北省中部、保定市北部，位于京、津、保三角地带，京畿南大门。古称涿鹿、涿邑、涿郡、范阳、涿州路、涿县。区位优势得天独厚，地质构造属太行山山洪冲积扇，地势平坦，土质肥沃，拥有丰富的水利、地热和沙石料资源，古有"幽燕沃壤""督亢膏腴"之称。

就在涿县看榜人群之中，刘备结识了张飞——一个有些庄田、卖酒屠狗的人。张飞就是我们今天常说的个体户。刘备一声长叹，张飞说你叹什么气呢？刘备拿出了他那不知真假的身世，"我本汉室宗亲，姓刘，名备，今闻黄巾猖乱，有志欲破贼安民，恨力不能，故长叹耳"。张飞说："吾颇有资财，当招募乡勇，与公同举大事，如何？"这刘备真是运气好，拿着一个说辞就赢得了投资。然后他们又结交了一个山西解州的杀人犯——跑来涿州逃避的关羽。于是刘备、张飞、关羽三个人，在第二天的早晨，在张飞家村后的桃园中，以乌牛白马为祭礼，焚香结拜，共发誓言："念刘备、关羽、张飞，虽然异姓，即结为兄弟，则同心协力，救困扶危，上报国家，下安黎庶，不求同年同月同日生，只愿同年同月同日死，皇天后土，实鉴此心，背义忘恩，天人共戮。"就这样，三个人一个以皇室血统、一个以身家资产、一个以一身本领组成了一个团队，这个团队构成了日后三国演义之蜀汉的核心团队（当然还要加上四弟赵云和教父级别的诸葛亮），在184年到280年约100年间，演绎了精彩纷呈的创业建国之路，而这精彩纷呈就是从燕赵大地的涿州开始的。

桃园三结义，正是中国传统文化之中结拜文化的经典桥段。

中国有许多载入史册和民间话本的兄弟结拜故事，比如唐朝末年的十三太保；岳飞的结拜兄弟有三个：牛皋、杨再兴、王贵，其他两个张显和汤怀则是《说岳全传》里虚构的；甚至刘邦和项羽也是结拜兄弟。当然了，有的兄弟结拜的意义是正向的，比如刘关张桃园三结义，在《三国演义》中，他们的结拜甚至改写了历史。岳飞却被结拜兄弟王贵出卖，也是一种结果。像刘邦、项羽从结拜兄弟走向敌对的实例也不少见。

不管怎么说，燕赵大地的桃园三结义，很好地诠释了结拜兄弟同心、其利断金的英雄佳话。

　　以桃园三结义为基础，他们后来又增加了四弟赵云，以及神机妙算的诸葛孔明，真正组成了一个最理想化的创业团队，并且凭借着这个团队，打下一片江山，形成了魏、蜀、吴三国鼎立之势，还依靠刘备的皇室血统而称王称帝，引领蜀地几十年。

　　弘扬结义文化，打造最理想的创业团队，可谓罗贯中写《三国演义》的初衷。他成功地传递了忠诚、勇敢、智慧等正面价值观，对于塑造国民性格、提升国家凝聚力具有重要意义，是《三国演义》得以被列入四大名著的重要原因之一。当今社会最需要的不就是团队精神吗？

　　在这里，我们郑重其事地告诉您，《三国志》中根本就没有"桃园结义"这个故事。"桃园结义"是《三国演义》的作者为了自己的理想而打造的，但是刘关张的结拜，读者却是买账的，宁愿相信这个故事是真的，而这哥仨的情谊，确实也是真的。《三国志》记载刘关张三人关系非常亲密。书中记载："先主与二人寝则同床，恩若兄弟。"表明刘备与关羽、张飞感情极为深厚，情同手足。而且，关羽、张飞始终跟随刘备，为其出生入死，"稠人广坐，侍立终日"，体现了他们之间的忠诚与情谊。《三国志》虽未明确提及三人是否结拜，但他们的情谊和相互支持在历史记载中是明确而突出的。

　　刘关张桃园三结义的故事，在今天已经成为一种文化现象。在读者心中的地位是非常高的，它不仅给燕赵百姓，甚至给全球华人都根植了兄弟情义和团队合作的文化基因。

鞭打督邮的不是张飞，是刘备

看着下边这幅插图您是不是在想，这个是刘备吗？刘备不是一个慈悲为怀的人吗？有一句歇后语：刘备摔孩子——收买人心。说的是赵云抱着阿斗，从百万曹军中杀出重围，将刘备唯一的儿子救出来。刘备哭着迎接赵云，接过孩子之后，突然又将孩子摔在地上，嗔怒地说，为了你小子，几乎损伤我一员大将！赵云被感动得涕泪横流，二人抱头痛哭。刘备爱哭，这是人们看《三国演义》的印象。据不完全统计，刘备在《三国演义》里哭过30多次。爱哭，是刘备的人设。可本书却给出了一个另类的刘备，他面目狰狞，挥柳鞭谁？是否画错啦？都不是，我们就是要解读一个不一样的刘备，一个狰狞的刘备。

《三国演义》第二回叫作"张翼德怒鞭督邮，何国舅谋诛宦竖"。其中"怒鞭督邮"也已成为典故，故事甚至被搬上戏剧舞台演义百年。

话说平灭黄巾起义后，朝廷要论功行赏，参战将士均可得到一官半职，唯有刘备，虽表彰了他的功劳，却迟迟没有安置。这一日，刘备路遇郎中张钧，向其诉苦。张钧遂在朝堂之上公开质疑

刘备　　　　　　　　插图 李伟

此事，说黄巾造反的原因就是朝廷里为首的十常侍（由张让、赵忠、封谞、段珪、曹节、侯览、蹇硕、程旷、夏恽、郭胜10名太监组成的宦官集团）卖官卖爵、非亲不用、非仇不报造成天下大乱；今天就应该把你们十个人斩首，将首级悬挂于南门之上并布告天下，然后有功者重加赏赐，天下才能清平。

十常侍把持朝廷，皇帝昏庸听不进诤言，张钧被逐。十常侍还是担心局面不利于他们，认为这一定是有功之人没有得到官职而生出的怨言，那就先给他们封官许愿，然后再找机会处理掉。于是，这才有了刘备被授予定州中山府安喜县（今属河北省定州）县尉一职，也就是在燕赵之地给刘备一个县公安局局长干干。

刘备随即将之前跟随他征战的士兵发钱遣散，带着20余亲兵与关羽、张飞来到安喜县上任。上班数月，与民秋毫无犯，百姓都被感动了：天底下哪有这样清廉的好官呀！这本来是一个正常现象，却被百姓如此惊呼，正说明那时社会的腐败和百姓的无奈。而刘备、关羽、张飞之间的友谊也逐渐牢固，我们在上一节说到桃园三结义的结拜文化，哥们结拜当然是友谊的开始，但是能不能友爱始终，那也不一定。从结拜开始最终走向对立的例子不在少数，而结拜之后走向更加深厚瓷实的友谊，很大程度上依赖老大的人品和魅力。

在《三国演义》里，刘备作为大哥，其所作所为，注定了这支团队日后的成功。刘备"到任之后，与关、张食则同桌，寝则同床，如玄德在稠人广座，关、张侍立，终日不倦"。在中国古代，官阶等级甚严，随从是不可以跟县官同桌吃饭的，百姓更不可以跟当官的同桌吃饭。刘备不然，与关羽、张飞不仅同桌吃饭，还同床，在一个炕上睡觉，这足以说明刘备对两个兄弟的重视。但是在公众场合，刘备坐着，关羽、张飞则站立身后，既符合当时的礼法纲常，也体现了两个弟弟对大哥的敬重。

刘备当县尉的这个地方是定州中山府安喜县，古代中山国国都附近的小县城。刘备在这里当了 4 个月的县尉，与当地百姓秋毫无犯，口碑极好。此时"朝廷降诏，凡有军功为长吏者当沙汰（沙汰，即淘汰）"，因为战功而当上地方长官的，要淘汰掉。为什么？这就是刚才讲的十常侍的阴谋诡计，先封个官，再"做"掉你。

"这一日督邮将至，玄德出郭迎接。"督邮是什么官？是不是监督邮政的官员？回答是否定的，督邮相当于今日的纪检监察官员，那为什么叫督邮呢？请关注后面文字。郭就是城郭的意思。刘备早早地出城迎接，见到督邮深深施礼，而督邮却傲慢地坐于马上，并没下马，而且还用马鞭子指着刘备说话，这可把关羽、张飞气坏了，他二人强压怒火。等到了驿馆，督邮又傲慢地高坐南面，刘备则谦卑地站立台阶之下。督邮故作深沉，沉默良久，向刘备问道："刘县尉是何出身？"

玄德曰："备乃中山靖王之后，自涿郡剿戮黄巾，大小三十余战，颇有微功，因得除今职。"用今天的话讲就是，我是中山靖王之后人，曾经在涿州30余次参加围剿黄巾暴乱的战斗，颇有微功，才被授予今日的职务。

督邮大喝曰："汝诈称皇亲，虚报功绩！目今朝廷降诏，正要沙汰这等滥官污吏！"意思是，你谎称皇亲国戚，虚报战功，现今朝廷降诏，正要淘汰这等滥官污吏！

玄德诺诺连声而退。

回到县衙门，刘备等人商议，这可怎么办。县吏说："督邮作威，无非要贿赂耳。"玄德曰："我与民秋毫无犯，哪得财物与他？"

第二天，督邮先把县吏传唤到所在馆驿，强令该县吏指控刘备贪赃枉法残害百姓。县吏不愿意诬陷刘备，遭到督邮捆绑和殴打。刘备闻听此事，即赶到馆驿，自求免职，我不干了还不行吗，请你放过县吏。那也不行，刘备连大门都进不去，督邮不见他。

话说两头，却说张飞郁闷窝火，只得自己喝闷酒消愁，酒后骑马从督邮所在馆驿门前经过，见有五六十个老百姓，皆在门前痛哭。张飞询问怎么回事？众人回答道：督邮威逼县吏加害刘公（刘备），我们过来苦苦相求，求他们不要这样做，但是看门的非但不让进，还用鞭子抽打我们。

张飞一听大怒，睁圆环眼，咬碎钢牙，滚鞍下马，进入馆驿，门卫哪里阻挡得住啊。只见那猛张飞径直奔向后堂而去，但见那督邮，正坐在厅堂之上，而那个被他传唤来的县吏老者，则被捆绑着打倒在地，其状甚惨。

张飞大声喝道："害民贼！认得我么？"

未等督邮回话，张飞迅疾上前，揪住督邮头发，连拖带拽，将督邮扯出馆驿，拖拽到县衙前广场，古时县衙门前都有小广场和拴马桩，那张飞将督邮拖至拴马桩前，用拴马的绳索将督邮捆绑在拴马桩上，一转身在柳树上扯下几根柳条，照着督邮的两条腿，用力抽打，一连打折柳条十数枝。

话说这刘备其实也正在郁闷之中，忽然间他听得县衙门前喧闹不已，问询左右，回答说：张将军绑了一个人，在县衙门前痛打。

玄德赶忙跑去观之，见绑着的不是别人，正是让他也郁闷无比的督邮。玄德吃惊地问其缘故。张飞说："此等害民贼，不打死等甚！"此时的督邮可不是那个不可一世的"钦差大臣"，而是个可怜巴巴的可怜虫。他向刘备苦苦哀求："玄德公救我性命！"玄德终是仁慈的人，急忙喝住张飞。这时关羽也赶到，他对刘备说，兄长建立许多大功，仅得到一个小小的县尉，今天还被督邮侮辱。这里荆棘丛生，不是凤凰栖息之地；不如杀了督邮，弃官归乡，另图远大之计。

玄德稳住局面之后回到县衙，取来印章绶带，挂在督邮的脖子上，对他说：就你这害民的狗官，本当杀了你，今天饶了你的性命，我把印绶还给你，从此大路朝天各走一边。

后来督邮连滚带爬地跑了，主要是被吓坏了。然后就是官府通缉，差人捕捉刘备三兄弟。刘关张三人往代州投奔刘恢。刘恢见刘备乃汉室宗亲，就把他们藏在自己家中。代州，位于今山西忻州。

这一时期依然是十常侍专断朝纲，朝政愈来愈坏，老百姓更加苦不堪言，各地造反者渐多，渔阳亦发生张举、张纯造反。

渔阳（今天津蓟州区），燕山尾闾，面向燕赵腹地，背靠燕山雄峰，进可以冲击南面广袤的燕赵大平原，退可以入燕山深处，无处寻觅。此地自古就是兵家必争之地，是华北平原农耕文化与燕山农牧文化的交汇处，民风彪悍。

张举自称天子，张纯称为大将军。朝廷封刘虞为幽州牧，率兵前往渔阳征讨张举、张纯，身在代州的刘恢知道以后，就给刘虞写信推荐了刘备三人，此时正是用人之际，刘虞大喜，即令刘备为都尉率军直奔渔阳，与张举兄弟开战。大战数日，平灭了张氏兄弟，刘备兄弟立功，朝廷免除了其鞭打督邮之罪，刘备得平原县令职务（平原县，今属山东德州，位于山东省西北部、德州市中部)。刘关张兄弟三人受辱于定州，再次崛起于华北平原。正所谓皇帝昏庸，宦官专权，朝政愈坏，怨声载道，造反频发，每一次社会动乱都不是老百姓造成的，而乱世才能出英雄。

三国是中国若干朝代中的一个短时期，不过几十年。今天对这个短时期的时间界定也有两种，狭义的说法是从220年到280年，魏蜀吴三国鼎立；广义的说法是从184年到280年。184年是黄巾起义开始的时间，然后曹操逐鹿中原，最后才是三足鼎立。鞭打督邮的故事就是发生在这一时期的188年，我们会问，鞭打督邮的到底是不是张飞？回答是否定的。

鞭打督邮的明明是刘备，为什么到《三国演义》却变成了张飞

鞭打督邮的不是张飞，是刘备。这样的回答出乎意料，并且颠覆了《三国演义》里面的人物形象。《三国演义》里张飞的形象是凶猛的、粗鲁的、莽撞的，甚至可以吓破曹操的胆，大喊一声可以喝断当阳桥、喝退曹操百万兵，这样的人鞭打督邮才是合情合理的。鞭打督邮其实是非常莽撞的，后果很严重，引发了朝廷通缉，幸好有强人收留，刘关张才免遭逃亡之苦，才有了日后的功成名就。如果没有强人收留，其结局，或被抓捕入狱、甚至砍头，或苦苦奔波、亡命天涯。所以，鞭打督邮不应该是一个有雄才大

略的人所为，就应该是莽撞人张飞所为才合理，才能为他日后的英雄行为作铺垫。

但事实恰恰相反，鞭打督邮这一莽撞事件，恰恰就不是莽撞人张飞干的，确确实实就是那个雄才大略、宽厚慈祥的刘备干的。《三国志》这样记载："灵帝末，黄巾起，州郡各举义兵，先主率其属从校尉邹靖讨黄巾贼有功，除安喜尉。督邮以公事到县，先主求谒，不通，直入缚督邮，杖二百，解绶系其颈着马柳，弃官亡命。"

我们知道《三国演义》是文学作品，各种桥段都是作者罗贯中编的，《三国志》是历史文献，记载的是真实历史。《三国志》记载鞭打督邮的不是张飞，而是刘备。但是到了《三国演义》这个文学作品当中，被演义成张飞鞭打督邮，这是为什么呢？

其实这是创作的需要。每个作者都有自己的创作倾向或创作思想，为了自己的创作倾向而设置人物、编造故事，这就是小说创作的过程。《三国演义》也不例外，罗贯中为了他的创作倾向，完成自己心中对《三国演义》这部小说的设计，进而编造故事，或者"篡改史实"，这是正常的小说创作手法，但是也就造成有些历史小说与史实的差异。

罗贯中的创作倾向之一是"抑曹褒刘"，就是贬低曹操，褒扬刘备。小说《三国演义》里的"鞭打督邮"这一情节的"篡改"，正是体现了这种创作倾向。

在小说中，张飞的行为表现出他的鲁莽和直率，而刘备则被刻画为仁慈和宽容的形象。这种描写增强了刘备的正面形象，同时也突出了张飞的个性特点。通过这样的情节安排，作者试图打造刘备仁德和正义的人设。

为了突出刘备的人设，《三国演义》作者罗贯中没少给刘备编故事，有的甚至令人骇然。比如，作者编造了一个"刘安杀妻招待刘备"的故事，不是说刘备吃人的残暴，也不是写刘安杀人的凶残，而是想极力渲染和衬托刘备的仁义、得人心。故事是这样的：

《三国演义》第十九回，说吕布率大军攻破了刘备、关羽、张飞的营寨。关羽、张飞不知去向，刘备逃回沛县，但是吕布在后紧紧追赶，刘备逃到城门底下的时候，呼唤城上士兵赶紧拉起吊桥，但是吕布紧紧跟随，士兵恐伤刘备，又不敢放箭，于是刘备纵马跃上吊桥，逃进城里。而不及士兵拉起吊桥，吕布驾马赶到，策马一跃也跃上吊桥，紧随刘备冲入城中。守城门的士兵上前阻击，他们哪是吕布的对手，被杀得落花流水，吕布大军夺得沛县。刘备在如此紧急的状态下，根本没办法回家安排妻小逃亡，只能纵马穿城而过，落荒而逃，妻子家眷尽被吕布擒获。

刘备只身匹马逃难，寻小路奔许都，欲投曹操。在逃亡的途中，吃的都没有了，就进村乞食，当百姓听到是刘豫州来了，纷纷拿出家中最好的美食来接济刘备。

某一日，刘备来到一家村舍投宿，这家一个少年出来拜见刘备，问少年姓名才知道其是猎户刘安。当刘安闻听是豫州牧刘备到来时，想找一些野味为刘备做饭吃，一时间又找不到，怎么办呢？这刘安的办法让今天的你我都目瞪口呆，刘安把自己的妻子杀了给刘备吃。刘备一边吃一边问：这是什么肉啊？刘安说是狼肉。刘备深信不疑，他饱食一顿，就睡觉去了。第二天早晨，刘备往后院去取马的时候，忽然看见一个妇人被杀于厨房，屁股上的肉已经被割去了。刘备大惊失色，问了刘安才知道，昨天晚上吃的肉，就是他妻子的肉。刘备不胜伤感，洒泪上马。刘安告诉刘备说本想随您投军征战，只因老母在堂，不敢远行。刘备千恩万谢，骑马赶路，终于追到曹操大军，与曹操相见，向其诉说失去沛县城以及两个兄弟和妻儿老小的事情，曹操为之落泪；刘备又说到刘安杀妻为他煮肉吃的事情，曹操命人裹百两银子赏赐刘安。

然而，如此惨烈的故事，其实是《三国演义》作者罗贯中杜撰的。《三国志》当中并没有这个桥段，为什么罗贯中要杜撰这个桥段呢？他就是为了打造刘备的人设，打造一个刘备仁义、得人心的人设，才编此桥段。但是由于阅读环境的变化，让今天的你我，不但没有因为这个桥段对刘备的人设有什么寄望，反而会产生很强的不适感。

那刘备的人设到底是怎样的呢？是不是有仁义、得人心的这种人设呢？其实在《三国志》中本来也有这样的桥段，说刘备："数有战功，试守平原令，后领平原相。郡民刘平素轻先主，耻为之下，使客刺之。客不忍刺，语之而去。其得人心如此。"意思是说，由于刘备多次立有战功，暂时代理平原县令，后又担任平原相。郡民刘平一向轻视先主，对在其下感到耻辱，便派刺客刺杀他。刺客不忍行刺，把这件事告诉先主后离开。他就是这样得人心。

或许是罗贯中觉得刺客不忍下手的故事不够刺激，杜撰一个刘安杀妻割下妻子的肉给刘备煮汤吃的故事才够刺激。后来，"刘安杀妻"也成为一个典故。

那问题又来了，作者罗贯中为什么有"抑曹褒刘"的创作倾向呢？其实也是为了营销，为了赚钱。那为了赚钱为什么非得"抑曹褒刘"，而不是"抑刘褒曹"呢？或许是为了让书的读者多，为了迎合读者的好恶，读者喜欢什么就写什么，这样做，读者就会多，书就会更畅销。虽然这是现在做书的理论，但也不能一味地迎合读者而没有底线。我想几百年前也是这样。

当时的社会环境，果真就是"抑曹褒刘"吗？大家都知道苏东坡，被誉为天下第一文人。苏轼，字子瞻，号东坡居士，祖籍河北，生于四川眉山，除了任杭州、密州、徐州、湖州、颍州、扬州太守外，还在定州做过太守。苏东坡在他的《东坡志林》中讲过一个鲜活的故事，有个小孩顽皮，常在家中吵闹，家长就给钱让他去听书。听《三国》时，刘备败了，他就愤惋欲哭；曹操败了，他则雀跃欢呼。①由此可见，在宋代说书人那里，曹操就主要以负面形象示人了。

苏轼是北宋时期的人，他的记载无疑反映了北宋时期的真实舆论，可以肯定那时的舆论已经是"抑曹褒刘"了；从《三国演义》我们可以看出，到了明朝，罗贯中写作的时期，也依然还是"抑曹褒刘"；再到晚清、民国，戏台上都是白脸的曹操了；在当代，有一首流行歌曲叫作《说唱脸谱》，其中唱到"蓝脸的窦尔敦盗御马，红脸的关公战长沙，黄脸的典韦，白脸的曹操，黑脸的张飞叫喳喳……"到如今，曹操也还是"白脸的曹操"。

---

① 耿柳：《说唱艺术与四大名著》，《光明日报》，2024年6月14日第16版。

杨慎[1]是明朝正德年间的一个状元，因故遭到贬谪，被贬到云南。云南如今是旅游胜地，但是在明朝时，却是蛮荒之地，生存环境恶劣。官差把他送到长江边上的时候，恰好遇见两个渔翁，在江边上喝着酒，吃着鱼，戴着斗笠，天上淅淅沥沥地下着小雨。杨慎看到这样场景，感慨万千，伤感无限，看看自己，再看看人家，远山近水，长江无际，风景如画，谈笑自若。杨慎随即展纸研墨，"滚滚长江东逝水"一气呵成，一笔挥就。

---

[1]注：杨慎（1488—1559），字用修，初号月溪、升庵，又号逸史氏等。四川新都，今成都市新都区人，祖籍庐陵。明代著名文学家，明代三才子之首（杨慎、徐渭、解缙）。

"击鼓骂曹"击的是什么鼓

在戏曲名剧中,《击鼓骂曹》这出戏在当今知名度仍然很高,而且大家都知道"击鼓骂曹"骂的是曹操。但是您知道"击鼓骂曹",击的是什么鼓吗?

首先我们就先来讲一讲《击鼓骂曹》的故事。

这是一出三国戏,说的是孔融,就是我们平常耳熟能详的让梨的那个孔融。孔融介绍的文士祢衡,清高自大,不把曹操放在眼里,于是与曹操明里暗里使劲相较,借着宴会上播鼓助兴,把曹操大骂了一通,事情是这样的。

《三国演义》是以诸葛亮出山,刘备借荆州,孙刘联手赤壁破曹,方才奠定三分天下之格局。在此之前,刘皇叔几如丧家之犬,并无立锥之地;曹操却以英雄气概征服北方,在行将雄视天下的道路上疾驰,他当然没想到日后三分天下的局面。曹操一路走来,广纳贤士,于是孔融推荐了祢衡。孔融对荀彧说:"吾友祢衡,字正平,其才十倍于我……"孔融甚至写了一篇很正式的推荐函。

曹操　　　　　　　　　　　　插图　李伟

孔融说：

"臣闻洪水横流，帝思俾乂，旁求四方，以招贤俊。昔世宗继统，将弘祖业、畴咨熙载，群士响臻。陛下睿圣，纂承基绪，遭遇厄运，劳谦日仄。维岳降神，异人并出。

"窃见处士平原祢衡，年二十四，字正平，淑质贞亮，英才卓跞。初涉艺文，升堂睹奥，目所一见，辄诵于口，耳所暂闻，不忘于心。性与道合，思若有神。弘羊潜计，安世默识，以衡准之，诚不足怪。忠果正直，志怀霜雪，见善若惊，疾恶若仇。任座抗行，史鱼厉节，殆无以过也。鸷鸟累百，不如一鹗。使衡立朝，必有可观。飞辩骋辞，溢气坌（bèn）涌，解疑释结，临敌有余。

"昔贾谊求试属国，诡系单于；终军欲以长缨，牵致劲越。弱冠慷慨，前代美之。近日路粹、严象，亦用异才擢拜台郎，衡宜与为比。如得龙跃天衢，振翼云汉，扬声紫微，垂光虹霓，足以昭近署之多士，增四门之穆穆。钧天广乐，必有奇丽之观；帝室皇居，必畜非常之宝。若衡等辈不可多得。《激楚》《阳阿》，至妙之容，掌技者之所贪；飞兔骠褭（yǎo niǎo），绝足奔放，良、乐之所急也。臣等区区，敢不以闻。

"陛下笃慎取士，必须效试，乞令衡以褐衣召见。无可观采，臣等受面欺之罪。"

曹操遂命人把祢衡招来，双方互相行礼，礼毕，曹操却并不给祢衡让座。双方就此开始一段精彩对话。

面对曹操的霸气，祢衡表现得很傲慢，曹操不给祢衡让座，祢衡即仰天叹气，大声嚷嚷："天地虽阔，何无一人也！"

曹操说："我手下有数十人，皆当世英雄，何谓无人？"

祢衡说："愿闻。"说来，我听听。

曹操说："荀彧、荀攸、郭嘉、程昱，机深智远，虽萧何、陈平不及也。张辽、许褚、李典、乐进，勇不可当，虽岑彭、马武不及也。吕虔、满宠为从事，于禁、徐晃为先锋；夏侯惇天下奇才，曹子孝世间福将——安得无人？"

祢衡笑着说了下面这段话，极尽嘲笑贬损之能事，祢衡说："公言差矣！此等人物，吾尽识之：荀彧可使吊丧问疾，荀攸可使看坟守墓，程昱可使关门闭户，郭嘉可使白词念赋，张辽可使击鼓鸣金，许褚可使牧牛放马，乐进可使取状读诏，李典可使传书送檄，吕虔可使磨刀铸剑，满宠可使饮酒食糟，于禁可使负版筑墙，徐晃可使屠猪杀狗；夏侯惇称为'完体将军'（讽刺夏侯惇一只眼），曹子孝呼为'要钱太守'。（《三国演义》写错了。曹仁字子孝，曹洪字子廉，曹洪是出了名的抠门，要钱太守其实说的是他。祢衡骂曹子孝呼为"要钱太守"，实际上是罗贯中在骂，而罗贯中骂错了，应该是"曹子廉呼为'要钱太守'"。）其余皆是衣架、饭囊、酒桶、肉袋耳！"祢衡说你这话不对，这些人我都认识，荀彧也就只能替你去吊丧、慰问病号；荀攸也就是个看坟守墓的；程昱只能关门闭户做个打更看夜的；郭嘉可以念些文章；张辽可以敲锣打鼓；许褚可以去牧牛放马；乐进可以做个取状读诏的文书；李典可以做个传书送檄的信使邮差；吕虔是个磨刀铸剑的铁匠；满宠是个饮酒食糟的饭桶；于禁就是个负版筑墙的泥瓦匠；徐晃就是个屠猪杀狗的屠夫；夏侯惇一只瞎眼，可称为"完体将军"，曹子孝吝啬应该叫作"要钱太守"。其他人也都是类似衣架、饭囊、酒桶、肉袋等等。

我们除了惊讶祢衡的张狂，还佩服祢衡的胆量。之外，我们仔细想想也应该明白，祢衡不是草包，其张狂一定有张狂的道理。祢衡把曹操手下人骂了一个遍，是卷大街吗？不是。是伦理骂吗？不是。其实祢衡骂得有道理，每一句都有所指，都有依据。说那个荀彧一天到晚总是阴沉着脸，好像哭丧的一样；程昱就像有疑心病，每天都要反复查看门户是否关好，好像得了健忘症；郭嘉声音好听又能说会道；说张辽可以击鼓鸣金，是因为他先跟吕布再跟曹操，毫无节操，只是一介武夫，是个为了打仗而打仗的人；说许褚可以牧牛放马，因为他抢过黄巾军的牛；说乐进可以取状读诏，是讽刺他身材矮小，声音却很尖利；说李典可以传书送檄，因为他是出名的快马李，适合当个邮驿的驿使；说吕虔可以磨刀铸剑，因为他是个刽子手，是专门行刑杀人的；说满宠可以饮酒食糟，因为他是大胖子，十分贪吃；等等。

祢衡如此藐视曹操手下的大将，尽管他气得要命，可也不得不佩服祢衡对他们了如指掌。曹操气急败坏地吼："汝有何能？"你有什么本事？曹操肯定怒了，也会被气得鼓鼓的。曹操手下诸大将，被祢衡贬得一钱不值，而且话说得太损了，气得曹操也不知道怎么应对了，只好问他，你有啥本事。

祢衡傲慢地说："（我）天文地理，无一不通；三教九流，无所不晓；上可以致君为尧、舜，下可以配德于孔、颜。岂与俗子共论乎！"我天上地下什么都懂，你这个"俗子"哪有资格与我讨论呢。真是张狂之极。

这时，曹操手下大将张辽在一旁看了个满眼儿，气得把宝剑拔出来举着，想砍下祢衡的脑袋，"掣剑欲斩之"。

曹操还是比较老练的，说，我正缺少一名鼓吏，就是击鼓的，早晚朝贺宴会的时候需要击鼓助兴，任命你担当这个职位。

祢衡也不推辞，应声而去。

张辽对曹操说："此人出言不逊，何不杀之？"

曹操说："此人素有虚名，远近所闻。今日杀之，天下必谓我不能容物。彼自以为能，故令为鼓吏以辱之。"他是个文人，小有名气，我如果杀了他，则天下人会说我度量小不能容人。你不是能耐大吗，我给你个击鼓助兴的差事羞辱羞辱你。

这一日，曹操在大堂上大宴宾客，令鼓吏祢衡挝鼓，就是击鼓助兴。在宴会上击鼓助兴有个规矩，就是必须穿新衣服，而祢衡不管那套，穿着旧衣服就来了，然后就开始击鼓，他击的是什么鼓呢？他击的鼓曲叫《渔阳三挝》，也作《渔阳掺挝》，鼓曲名。掺，通"参"，即"三"的意思；挝，鼓槌。三挝，指这首曲子的曲式为三段体，就像古曲中有"三弄""三叠"一样。《渔阳三挝》是一种流行于天津蓟州民间的鼓曲。

祢衡已经被激怒，狂妄起来，只见他拿起大鼓槌，敲击三通鼓，一通鼓打惊天地，二通鼓悲喜交加令人惊，三通鼓似有金石之声。祢衡到底不是徒有虚名，他击的鼓"音节殊妙，渊渊有金石声"。宴会厅的人听着这震撼的声音，都被感动了："坐客听之，莫不慷慨流涕。"也有那不谙音律的卫士，对祢衡呵斥，说你为什么不换新衣服？祢衡从容地当着宴会厅所有人的面，脱下旧破衣服，裸体而立，浑身尽露。宴会厅哗然一片，人们以袖掩面，羞愧不堪。祢衡目空一切，没有半点不好意思，面色不改，慢慢穿上新衣裤。

曹操呵斥道：庙堂之上，太无礼了。祢衡从容应答："欺君罔上乃谓无礼，吾露父母之形，以显清白之体耳！"意思是说，欺君罔上才是无礼，我暴露父母给的形体，恰恰是用以彰显清白之身。

曹操说："汝为清白，谁为污浊？"你说你是清白之身，那谁是污浊的呢？

祢衡说："汝不识贤愚，是眼浊也；不读诗书，是口浊也；不纳忠言，是耳浊也！不通古今，是身浊也"这是一个著名桥段，《击鼓骂曹》里的骂，就指的这一段。这是第一层次的骂，骂的是曹操的品格；下一桥段说曹操："不容诸侯，是腹浊也；常怀篡逆，是心浊也！"这就厉害了，这骂的是曹操的野心，好家伙，曹操这点小心思都被你当着众人给骂出来了，曹操岂有不怒之理。

祢衡接着骂道："吾乃天下名士，用为鼓吏，是犹阳货轻仲尼，臧仓毁孟子耳！"①说我祢衡是天下名士，却被你用做鼓吏，这就像是阳货小看了孔子，臧仓诋毁孟子一样愚蠢无知。

最后一句，说曹操："欲成王霸之业，而如此轻人耶"，如果你要成就霸王事业，哪能如此轻慢人才呢。其实这最后一句才是击鼓骂曹的初衷和骂点，所有的骂，都是为了告诫你，欲称霸王业，不可轻慢人。

在击鼓骂曹的现场，孔融如坐针毡，因为祢衡是他介绍来的，同为文人又是好朋友，他为祢衡担心，唯恐曹操把他杀了。于是孔

---

① 注：阳货是孔子同时代的一个官家的家丁。有一次孔子去阳货的主人家做客，阳货看孔子年轻，面有饥色，衣服也不光鲜，就认为他是来蹭吃蹭喝的。臧仓是战国时鲁平公宠幸的大臣，鲁平公要见孟子，臧仓进逸言诋毁，阻止鲁平公和孟子相见。阳货轻仲尼，臧仓毁孟子，引申为看不起人，小看人。

融故作镇定地向曹操进言："祢衡罪同胥靡，不足发明王之梦。"他说，祢衡的罪即使同古时的胥靡一样，却不具备让君主产生求贤之梦的品质，不会对明王（曹操）统一大业的宏伟梦想有任何帮助。潜台词是说：杀这样的名士反而会对统一国家的理想有损害！

接下来的内容更精彩。

曹操指着祢衡大声说，我命令你作为使者去荆州劝刘表向我投降，那我便用你做公卿。

祢衡不答应，曹操就命令手下人备三匹马，把祢衡架在中间的马上，两边两匹马上两名骑士裹挟着祢衡上路。然后曹操又命令手下的文武百官，在东门外摆酒，恭送祢衡启程。这简直就是强盗逻辑，强迫人去当使者，派人架着去；强迫其他人摆酒相送，这既是侮辱人，又是强迫人，但是所有的人，都觉得曹操这样做没有错。此时，作为曹操的大谋士荀彧就对大家说，祢衡到来的时候，大家不要站起来，不对祢衡以礼相待，坐这尽管吃酒，不搭理他。

祢衡来的时候，下马入见时还觉得要有一个最起码的礼貌，从马上下来跟大伙相见。但是所有的人都端坐在那，并没搭理他，祢衡于是放声大哭。荀彧不解，就问他，你为什么哭呢？祢衡说我行走在死尸和棺椁之中，怎么能不哭呢。众人气死了，对祢衡说，我们是死尸，那你就是无头的狂鬼。祢衡说，我是汉朝的臣子，不做曹瞒之党，怎么会没有头？所有的人都想杀他，荀彧急忙站起来制止，说杀一个老鼠麻雀之类的，何以用牛刀呢？祢衡说：你说我是鼠雀之辈，但是我还有人性，你们这些人都是蝗虫。给大伙恨得呀，杀也杀不得，只好散去了。

等祢衡来到了荆州，见到刘表以后，虽然满嘴对刘表说的都是歌颂溢美之词，但实际上是讽刺，那谁听不出来呀？刘表非常不高兴，然后就派他去江夏见黄祖。手下人问刘表，祢衡如此戏谑主公，为何不杀他？

刘表说，祢衡数次侮辱曹操，曹操都不杀他，为什么？"恐失人望"，就是害怕自己的名声受损，所以才让他做使者来游说于我，想借我的手杀之，使我的名声受到影响，得到一个"害贤"之名。我今天派遣他去见黄祖，就是让曹操知道，你的这些小把戏，我都明白。部下们听完，恍然明白，交口赞颂。

果不其然，刘表的计策成功了，黄祖把祢衡杀了。黄祖跟祢衡一起饮酒，都喝醉了，黄祖问祢衡：你在许都有什么可以称为人物的朋友。祢衡回答说：大儿孔文举，小儿杨德祖，除此二人，别无人物。黄祖问祢衡：你看我怎么样？祢衡说：你就是庙中的神，虽然受祭祀，但是不灵验。黄祖大怒，说：你以为我是土木偶人。拔剑就把祢衡给杀了。祢衡至死骂不绝口。刘表闻听祢衡的死讯，唏嘘不已，令人葬祢衡于鹦鹉洲边。正是：

黄祖才非长者俦，祢衡珠碎此江头。

今来鹦鹉洲边过，惟有无情碧水流。

　　祢衡是东汉末年的一位名士。他为人狂傲不羁，虽然才华横溢却不懂得收敛锋芒。祢衡击鼓骂曹的故事更是流传千古，他在曹操面前痛骂曹操和其手下的大臣，痛快至极，但是，过了嘴瘾，却给自己惹来杀身之祸，值得吗？

　　祢衡的经历说明了一个人的才华固然重要，但如果不懂得如何与人相处，不懂得收敛自己的个性，那么他的才华也很难得到施展，甚至会给自己招来杀身之祸。同时，祢衡的经历也反映了东汉末年社会的动荡和混乱，以及当时人们价值观的混乱和扭曲。

　　动荡的社会，扭曲的价值观，对个性和才华是不宽容的，而才华与个性往往相伴相生。说到这里忽然发现，"击鼓骂曹"击的什么鼓，还重要吗？似乎一点也不重要了，重要的是他嘴上所传达的内容。骂人者说出的或许是极端的忠言，考验的却是被骂者的心胸和涵养。遗憾的是，在《三国演义》里，或者在现实社会中，对于这种忠言，又能有几许接受度和宽容度呢？

　　至于"击鼓骂曹击的什么鼓"，还是要跟大家介绍一下。《三国演义》里说，祢衡击《渔阳三挝》，击的应是渔阳鼓了。渔阳即今天津蓟州。关于渔阳鼓，至少有两个成语故事，其一是"渔阳鼙鼓"，其二是"渔阳三挝"。

成语"渔阳鼙鼓"出自白居易《长恨歌》："渔阳鼙鼓动地来，惊破霓裳羽衣曲。"说的是唐明皇李隆基和贵妃杨玉环的爱情故事。李隆基一朝自废武功，朝纲废弛，整天霓裳羽衣舞不止，耽于安乐，导致安史之乱，盛唐从此走向衰落。由此"渔阳鼙鼓"便指代有军情传来的意思。

最后，贴一首在蓟州流传至今的《渔阳鼓》词：

渔阳鼓，震天响，威慑魑魅与魍魉。庄周击盆歌生死，冯谖弹剑客孟尝。志比天高命宿薄，一片丹心望咸阳。

望咸阳，泪莹光，六合八荒遍豺狼。四世三公谋僭逆，西凉武夫似强梁。宗室反目成割据，宦竖遗丑霸朝纲。

霸朝纲，何张狂，不见天子坐明堂。挟君号令遣诸侯，缘木求鱼怎久长？贤良沦落为鼓吏，岂得叫人不感伤？

心感伤，又何妨？不如击鼓明志量。诸君笑我遭人辱，我笑彼此皆一样。尧舜禹汤今何在？王道教化已沦丧！

道已丧，德亦丧，拔刀张弓各相向。纲常仁义如粪土，黎民百姓尽遭殃。金戈铁马血肆流，叫吾怎生不张狂？

狂狂狂，哐哐哐，参透荣辱梦一场！自古横蛮难长久，迟早秋风落叶扬。白驹过隙何仓促，世人冥顽不灵光。功名利益花间露，富贵荣华瓦上霜。任你公侯与帝王，难免荒郊土内葬。

渔阳鼓兮渔阳鼓，今日你我诉衷肠。洁白玉璧投暗世，无双国士性纯良。惜乎不能得治世，安能屈膝苟存空悲凉？掺挝击鼓咥咥咥，骂尽天下民贼狂狂狂！不如一死赴阴司，来世再得太平伴君王。

河北义士为何如此之多

官渡之战之后，曹操最终拿下袁绍的大本营冀州，而后追杀他的长子袁谭至南皮县，最终攻破南皮县，杀死袁谭。因为袁谭之前翻来覆去地惹恼曹操，曹操命人将袁谭的脑袋砍下来，挂在北门外，并且下令，如果有人为袁谭痛哭，则斩首。然而，就在袁谭的头颅挂于北门之上时，有一百姓戴着帽子，穿着衰衣，在北门袁谭首级之下痛哭。于是士兵就把这个人拿住。经审问，此人乃青州别驾王修。因为向袁谭进谏而被驱逐。现在他知道袁谭死了，所以来哭。曹操问他，你知不知道我下的命令？王修说当然知道。曹操说，你不怕死吗？王修回答道："我生受其辟命，亡而不哭，非义也。畏死忘义，何以立世乎！若得收葬谭尸，受戮无恨。"他说，我是袁谭的部下，他死了我不哭，就是不够义气。贪生怕死不讲义气，那我怎么在这世上立足呢？如果能允许我给他收尸下葬，则虽被你杀死也无憾。

王修这一通气宇轩昂、视死如归的回答，震动了曹操，结合着他在河北大地上一路走来，诸多死士带来的震撼，使得曹操不禁感慨道："河北义士，何其如此之多也！可惜袁氏不能用！若能用，则吾安敢正眼觑此地哉！"意思是，河北的义士怎么这么多呢？可惜袁氏父子都不会使用这些人，如果他能够人尽其才的话，我根本不敢正眼看这燕赵大地！于是，曹操命令，收殓袁谭的尸首，不但没有杀掉王修，而且还视王修为座上宾，封了他一个司金中郎将。然后曹操问王修：如果我要战胜袁尚、袁熙（袁绍的另外两个儿子），当用怎样的计策呢？王修闭口不答。曹操佩服道："忠臣也。"于是曹操又问了其他的谋士，然后安排兵马进军幽州。

自从曹操与袁绍逐鹿大河南北，有哪些义士感动、震动了曹操呢？

义士沮授

建安五年（200年），曹操与袁绍进行中国军事史上著名的官渡之战。当时，曹操挟天子以令诸侯，以许昌为都。而袁绍势力强大，以冀州为大本营，北靠幽州，西拥并州，东据青州，横跨今河北、山西和山东，广大地盘尽被袁绍占据。袁绍挥师南下，70万大军连营，首尾相接连绵90余里，声势浩大，辎重粮草倾城而出，不见首尾。曹操点军7万，急速北上迎敌，轻骑锐进，亦有不可挡之势。但是毕竟两军实力悬殊太大，刚一接触，曹军即败，双方对峙于官渡。此时，双方谋士都有非常明确的认知和判断，曹操的谋士荀彧告诫曹操，总在这死守咽喉也不是办法，时间长了就会生变，"此用奇之时，断不可失"。曹操采纳了荀彧的意见，开始设计怎么去算计袁绍。

袁绍的谋士沮授则告诫袁绍稳住阵营，不可轻举妄动。沮授曰："我军虽众，而勇猛不及彼军；彼军虽精，而粮草不如我军。彼军无粮，利在急战；我军有粮，宜且缓守。若能旷以日月，则彼军不战自败矣。"意思是我军虽然人数众多，但是不如敌军勇猛；敌军虽然精锐，但是他们的粮草不如我军多；敌军没有粮，他们肯定会急于决战，我军有粮，那么就适于稳守避战，时间长了，敌军就会不战自败。袁绍不但听不进去，反而怒了："田丰慢我军心，吾回日必斩之。汝安敢又如此！"随即吩咐士兵："将沮授锁禁军中，待我破曹之后，与田丰一体治罪！"但遗憾的是，袁绍没能破曹，却让曹军给破了。那就是官渡之战以弱胜强、以少打多的典型战例。袁绍被曹操攻破的那一天，袁绍兵败而奔，沮授还被囚禁，于是被曹军擒获。见到曹操时，沮授大声宣告："授不降也！"曹操说袁绍无谋，不听你的计策，你为什么还执迷不悟呢？我如果得到你的帮助，那得天下也就没有障碍了。从此曹操将沮授留在军中，以礼相待。后来沮授为了跑回袁绍军营，而在曹营盗马，曹操十分生气，就将沮授杀了，沮授至死神色不变。杀了沮授，曹操就后悔了，他说："吾误杀忠义之士也！"于是下令厚葬，为他建坟，安葬于黄河渡口，墓碑上题写"忠烈沮君之墓"。《三国演义》里有诗曰：

河北多名士，忠贞推沮君；凝眸知阵法，仰面识天文；

至死心如铁，临危气似云。曹公钦义烈，特与建孤坟。

义士田丰

与沮授意见一样，遭遇也一样，同样因谏言被下狱的，其实首先是田丰。在《三国演义》第七回，袁绍与公孙瓒交战，田丰向袁绍献上地图，指出了敌军的弱点和可采取的战略，帮助袁绍取得了胜利。而后曹操与袁绍在官渡对峙，田丰建议袁绍采取持久战术，等待时机。但袁绍不听，反而认为田丰扰乱军心，将其下狱。

在《三国演义》第三十回，田丰狱中上书谏言，说今天的形势，宜静候以待天时，不可以妄兴大兵，恐怕会有不利发生。袁绍手下有一个叫逢纪的挑拨离间，他说，主公行仁义之师，田丰怎么会得出不祥的结论呢？袁绍大怒，欲斩田丰，文武百官赶紧求饶，袁绍恨恨地说：等我破了曹操，再跟你算账，让你死个明白。于是催促着大军进发，旌旗遍地，刀剑如林，大军快速前进，到达前沿阵地，然后安营扎寨，连营 90 余里，气势磅礴。然而，在《三国演义》第三十一回，袁绍就在官渡之战中大败，落荒而逃。逃至荒野，夜半闻听有哭声，仔细听，是那些败军聚集一起诉说兄弟阵亡的消息，并且有很多人都说，若听田丰之言，我等怎会遭此横祸呢？袁绍也非常后悔地想，当初不听田丰之言，兵败将亡，现在回去，有何面目跟他相见呢？这时候，那个挑拨离间的逢纪又出现了，他再一次狠狠挑拨了一把，说田丰在狱中听说主公兵败，附掌大笑。于是袁绍又大怒了，他说，这个酸儒书生怎么敢嘲笑我呢？我必杀了他，于是就派人去冀州的监狱中杀田丰。

再说田丰在狱中。这一天，狱吏来见田丰：我给您道喜呀！问喜从何来？狱吏说，袁将军大败而归，他一定会重用您的。田丰说，那我死定了。狱吏说人家都在为您道喜，您怎么说死定了呢？田丰说，袁将军如果胜了，就高兴了，我还能活，还能被赦免；他现在战败了，我就不抱任何希望了，狱吏还是不相信。正在这时，袁绍派的人就到了，传袁绍的命令，来取田丰首级。狱吏大惊，田丰说，就知道我必须得死。狱卒哭了。田丰说："大丈夫生于天地间，不识其主而事之，是无智也。今日受死，夫何足惜！"乃自刎于狱中。田丰也是刚烈脾气。他说大丈夫在天地间，没有认清主公的真实面目就为他做事儿，这是没有智慧的表现。

所以，我今天死了也没有怨言，怨不得别人。后人有诗曰：

> 昨朝沮授军中失，今日田丰狱内亡。
> 河北栋梁皆折断，本初（袁绍，字本初）焉不丧家邦。

义士审配

官渡之战取胜后，曹操继续北进，欲取冀州——袁绍的大本营。袁绍病危并最终病死于冀州。幼子袁尚主持大业，审配辅佐之。

曹军围困冀州城，曹军决漳河水淹冀州城，城中水深数尺。更兼粮绝，军士多饿死。辛毗在城外，用枪挑着袁尚的印绶和衣服，暗示袁尚已死，以此招安城内之人。审配大怒，将辛毗家属老少80 余口，就在城墙上杀了，并将头颅扔到城墙下面。辛毗号哭不已。审配的侄子审荣，平素与辛毗关系很好，见辛毗家属被害，心中愤恨，于是写了一封密信，内容是要给曹军打开城门。密信拴于箭上，射向城下曹营，军士捡拾交给辛毗，辛毗将此信函献给曹操。

次日天明，审荣打开西门，放曹兵进入。辛毗率军士杀入冀州。审配率部分骑兵在城中死战，被徐晃生擒，绑出城来，路逢辛毗。毗咬牙切齿，用鞭子抽打审配，并破口大骂道：你个挨千刀的，今天就是你的死期。审配一样破口大骂：辛毗贼徒，引曹操破我冀州，我恨不能杀你呀。徐晃把审配带到曹操面前，曹操问审配：你知道献城门接我军进城的是谁吗？审配说不知。曹操说是你的侄子审荣所献。审配怒骂："小儿不行，乃至于此！"曹操又说：昨天我来到城下，为什么城上向我发射了那么多弩箭呢？审配说：我恨呀，还是发射得少了呀！曹操说：我很理解你，你忠于袁氏，不得不如此。那么现在你肯降我吗？审配连说不降！审配指着辛毗说："吾生为袁氏臣，死为袁氏鬼，不似汝，谗谄阿谀之贼！可速斩我！"曹操无奈，下令牵出斩了。临受刑，审配呵斥行刑者说："吾主在北，不可使我面南而死！"乃向北跪，引颈就刃。《三国演义》有诗叹曰：

河北多名士，谁如审正南；命因昏主丧，心与古人参。
忠直言无隐，廉能志不贪。临亡犹北面，降者尽羞惭。

《三国演义》这部小说写的是什么？写的是英雄主题。从《三国演义》的开篇词可以看出："滚滚长江东逝水，浪花淘尽英雄，是非成败转头空，青山依旧在，几度夕阳红……"就是说，不管时光如何流逝，不管是非成败如何跌宕起伏，大江东去从不停歇，淘尽的是沙粒，闪光的才是金子。

一部《三国演义》塑造了多少英雄，这一节，我们只讲了三位义士，全书里视死如归的义士却比比皆是，就连击鼓骂曹的祢衡，专门唱对台戏的孔融，甚至根本不拿曹操当回事儿的许攸……他们是文人被杀时也一样视死如归，没有一丝求饶谄媚！只是我们在讨论这些英雄的时候，不禁会发出些许感叹，感叹于曹操不能包容那些文士。曹操受得了武将的谩骂羞辱，却受不了文人的调侃和反对。当然了，他也是有忌惮的，比如，对祢衡，他恨祢衡，想杀祢衡，但还是忍住了，他怕留下一个杀文士的坏名声，最终借别人之手，达到了借刀杀人的目的。

我们还感慨于一些义士，未从明主，依然视死如归而令人唏嘘不已。比如田丰、沮授、审配，他们跟随袁氏，屡次谏言，俱为真知灼见，而屡遭拒绝，屡受冤屈，却忠心不变。

曹操建铜雀台真的是为了"锁二乔"吗

曹操曾设宴铜雀台，文武百官齐聚畅饮，其间曹操让他的几个儿子都写一篇赞美铜雀台的文章，曹植妙笔生花，一篇《铜雀台赋》技压全场。曹植的《铜雀台赋》写得有多么好，咱先按下不表，咱要讲的是另一段故事。话说今天的中学生，都会背诵的一首诗，是唐代杜牧写的凭吊诗《赤壁》，诗曰：

折戟沉沙铁未销，自将磨洗认前朝。

东风不与周郎便，铜雀春深锁二乔。

折戟沉沙铁未销，自将磨洗认前朝。说的是在脚下的河滩沙地里发现一件古兵器，长满了锈，把它挖出来，在河水里洗一洗，辨认是不是三国时期魏蜀吴打仗时留下的兵器。东风不与周郎便，铜雀春深锁二乔。是说，如果不是借着风势的改变而火烧曹操战船的话，孙权和刘备就未必能战胜曹操，而一旦战胜不了曹操的话，那么周瑜的妻子小乔，孙策的妻子大乔，就得被曹操掳走，锁在铜雀台里边。

那么，杜牧为什么会写下"铜雀春深锁二乔"这样的诗句呢？

原来是有人篡改了曹植的《铜雀台赋》，是谁篡改的呢？也是一个大人物，是《三国演义》里诸葛亮改的。他是怎么改的呢？请阅读原著第四十四回片段，看看这位神仙般的人物诸葛亮的计谋有多可怕。

说鲁肃鲁子敬带着诸葛孔明去拜访周瑜，分宾主坐定以后，鲁肃先对周瑜说，现在曹操驱兵南侵，是战是和，主公（指的是孙权）不能够决定，要听将军的意见。周瑜说，曹操有天子的名义，他出师是不太好阻拦的，并且势力很大，不能轻敌，如果战，必败，投降就可以安全，我已经决定了，来日见主公，我就会劝他投降。鲁肃愕然，跟周瑜争执起来，诸葛亮在旁边冷笑。周瑜问诸葛亮为什么笑。诸葛亮说："子敬不识时务耳。"鲁肃反问，你怎么倒笑话我不识时务了？孔明说："公瑾主意已定，投降甚为合理。"于是诸葛亮故意说了一些投降合理的理由。其实诸葛亮是在一步一步地用激将法来刺激他们，除了说投降合理之外，还说周瑜决计投降曹操，就可以保住妻子，也可以保全富贵，至于国祚迁移，何足惜哉，国家爱怎么样就怎么样吧，那有什么可惜的。

鲁肃真的怒了，他说，你让我们主公受辱于国贼，岂有此理。

其实这是诸葛亮设计谋人的第一阶段。第二阶段诸葛亮又说了，他说我有一计，并不用给人家送去金银，也不用渡过长江，只要一个使者，驾一小船，送两个人过去，曹操百万兵马，一定会卷旗退兵的。周瑜就不明白了，他就问，用哪两个人可以退兵呢？诸葛亮又故弄玄虚地逗弄一番之后说，曹操在漳河新造了一处建筑，叫铜雀台，极其壮丽，广选天下美女充实其中，曹操本来就是好色之徒，他很早就听说江东乔公有二女，大的叫大乔，小的叫小乔，有沉鱼落雁之容，闭月羞花之貌。曹操曾经发誓说，我扫平四海，已成定业，我的唯一愿望，就是得到江东二乔，放在铜雀台里，以乐晚年，虽死无恨矣。所以现在引百万之众虎视江南，其实就是为了这两个女人。所以将军，你们为什么不去找乔公，姓乔的这个老人家，用千金买他的两个女儿，派人送给曹操，曹操得了这两个女人，称心满意，必然班师还朝，这就是范蠡献西施之计，为什么不赶紧用这一计策呢？

周瑜脸色已经不好看了，他似乎是压着火气问：曹操想得二乔，有何验证？诸葛亮说曹操幼子曹植，字子健，下笔成文，曹操命他作一赋，名曰《铜雀台赋》，赋中之意，说他们家誓取二乔。于是诸葛亮就给他们背诵曹植的《铜雀台赋》，把其中"连二桥于东西兮，若长空之蝃蝀"改成了"揽二乔于东南兮，乐朝夕之与共。"以此激怒周瑜。在原诗中，螮蝀就是虹，二桥指从铜雀台出发链接金虎台和玉龙台的两座桥。'乔'和'桥'同音。刚好周瑜和孙策的妻子姓乔，一个大乔一个小乔，合称二乔。

周瑜听罢勃然大怒，站起来冲着北方骂："老贼欺吾太甚。"孔明还劝他别着急，两个民女有那么重要吗？周瑜说：你有所不知，大乔是孙策的媳妇，小乔是我媳妇啊。诸葛亮作惶恐之状：哎呀，亮实不知，矢口乱言，死罪死罪。周瑜说，我与老贼势不两立。孔明说，你须三思，以免后悔。周瑜说，我不后悔，我一定要跟他决一死战，北伐，北伐，来日入见主公，便议起兵。

孔明与鲁肃此处相别而去，走了。鲁肃和孔明的目的达到了，促成了孙刘联合抗曹的统一阵线的形成，这计谋用得简直神了。无论是曹操还是曹植都没想到 1000 多年以后，这一篇赋被元末明初的罗贯中用来编写小说，设计谋人，还这么精彩纷呈。

讲到这里，我们忽然发现，篡改《铜雀台赋》，把二桥说成二乔的，其实并不是诸葛亮，而是《三国演义》的作者罗贯中，并没有文献说诸葛亮篡改了《铜雀台赋》，用以激怒周瑜去发兵对抗曹操。

那新的问题又来了，唐朝杜牧《赤壁》诗中"铜雀春深锁二乔"的说法是否基于历史事实呢？杜牧又是怎么知道曹操建铜雀台是为了二乔呢？

其实杜牧并不知道曹操建铜雀台是为了二乔，这种说法是没有历史依据的。

杜牧的《赤壁》诗中"东风不与周郎便，铜雀春深锁二乔"是诗人通过假设和想象，以大乔小乔可能被俘入铜雀台的命运，来强调赤壁之战的重要性和影响力。

铜雀台是曹操彰显其政治地位和权势的建筑，并非专为大乔小乔而建。杜牧诗句中的这种表达更多是文学创作的想象和夸张，用来增强诗歌的艺术感染力。

通过上面的分析，我们知道，原来杜牧写《赤壁》这首凭吊诗也是没有历史事实依据的，而是诗人自己的想象，写了一首诗，而且是一首流传千古的诗篇。这样我们就可以认为，是杜牧篡改了《铜雀台赋》的本意；是杜牧猜测了曹操的好色之心；是杜牧编造了曹操建铜雀台是为了掳二乔置其中，以乐晚年。

罗贯中凭什么在《三国演义》里写出了这样的桥段，原来依据的是杜牧的这首诗。想当年，罗贯中也一定是学富五车、满腹经纶、出口成章的，唐诗宋词，一定也是随时吟咏而出的，毫无疑问，杜牧的这首《赤壁》凭吊诗也一定在罗贯中的嘴里常常出现。那么，罗贯中在反复诵读"东风不与周郎便，铜雀春深锁二乔"时就知道了，东风不与周郎便，这个东风没有帮助周郎的话，二乔就会真的被锁进铜雀台了。那么也就是说，东风是帮了周瑜的忙，那东风是怎么帮周瑜的忙呢？在帮周瑜忙的时候，诸葛亮又是什么角色呢？于是，罗贯中写出了一段精彩的故事"借东风"，见小说《三国演义》第四十九回。

铜雀春深锁二乔。如果东风没有帮周瑜的忙，二乔就被深深地锁进铜雀台。那么曹操建铜雀台不就是为了要掳二乔置其中吗？事实是曹操建了铜雀台吗？建了。掳了二乔了吗？没有。为什么没有掳成二乔呢？谁起的作用呢？一定还是诸葛亮。在《三国演义》这篇小说里，作者是褒刘抑曹的，同时也是褒扬刘备团队的每个成员，所以诸葛亮的计谋，就会使曹操建铜雀台的目的破产，也同时利用这样一个桥段来促成孙刘联盟，于是便有了罗贯中让诸葛亮篡改《铜雀台赋》，来激怒周瑜，促使孙刘联盟这样一个精彩故事。通过这样解读，我们便把两汉、晚唐、明初和今天，这四个阶段中的历史与文学巧妙地串联起来，供读者轻松阅读，莞尔一笑。

在这一节的最后，我们要给大家介绍一下真实的历史：

第一，赤壁之战时孙吴大多数人主张投降曹操，周瑜其实是个主战派，力排众议主张抗击曹操。

第二，铜雀台是在建安十五年（210年）冬天曹操下令修建的，当时周瑜已在湖南岳阳病死。其实，周瑜的年龄比诸葛亮大许多。《三国演义》所说的诸葛亮"智激周瑜"完全是虚构的。

　　第三，曹植的《铜雀台赋》原文中的"二桥"指的是连接铜雀台的两座桥。铜雀台建成后，中央是铜雀台，左边一座名玉龙台，右边一座名金凤台，各高十丈，上横二桥相通，横空直上。诗句里的"二桥"说的正是连通高台的这两座桥。

　　第四，曹植创作《铜雀台赋》的背景是建安十五年（210年），曹操击败袁绍及其三个儿子，并北征乌桓，平定北方。于是在邺建都，于漳河畔大兴土木修建铜雀台，然后曹植作出了这篇作品。曹植写成《铜雀台赋》的时候，周瑜早已不在人世了。

　　　　铜雀台位于今河北临漳县域内，距县城 18 千米。这里古称邺，三国时期曹操击败袁绍后营建邺都，修建了铜雀台，是以邺北城墙为基础而建的大型台式建筑。铜雀台到明代末年已基本被毁。

曹操东临碣石观沧海

曹操北征乌桓

曹操北征乌桓是从幽州开始的。幽州是中国古代的一个行政区划，大致包括今天的北京、天津、河北北部以及辽宁等地，是游牧民族地区与农耕地区的接壤地域。乌桓是中国古代的一个游牧民族，活动于中国北方地区。

官渡之战之后，袁绍一蹶不振，病死冀州。曹操最终拿下袁绍的大本营冀州，在此坚守的袁绍的两个儿子袁尚、袁熙逃亡燕山腹地，投靠乌桓。曹操追杀袁绍长子袁谭至南皮县，杀死袁谭后即开始北征乌桓。

曹操为了巩固其在北方的地位，曾多次北征乌桓。最著名的也是最后一次就是 207 年这一次。曹操北征乌桓的另一个重要目的是巩固自己在幽州的统治。幽州是当时中国北方的重要地区，曹操需要通过征服乌桓来加强对该地区的控制。此外，曹操还想通过北征乌桓来获取更多的资源和人口，增强自己的实力。

总的来说，曹操北征乌桓是为了实现他在北方的政治和军事目标，而幽州则是他实现这些目标的重要战场和基地。

败退到幽州的袁尚和袁熙，得知曹兵将至，料难迎敌，于是弃城引兵，星夜逃走，奔辽西投奔乌桓去了。那么，在罗贯中笔下，幽州便上演了一出河北义士的另类故事。

幽州刺史名叫乌桓触，在袁尚、袁熙弃城逃跑之后，乌桓触聚集幽州的文武官员，歃血为盟，共同商议背叛袁氏投降曹操的事情，乌桓触首先发言，他说：我们都知道，曹丞相是当世的英雄，现在我们要向曹丞相投降，有不遵令者，斩。于是依次歃血盟誓，等到别驾韩珩进行歃血盟誓的时候，韩珩将宝剑往地下一扔，大声说："吾受袁公父子厚恩，因主败亡，志不能救；勇不能死，于义缺矣。若北面而降曹，吾不为也。"众人听到大惊失色。是得大惊失色，你听听这位韩珩将军的话，满满的豪气义气，说我们都曾经蒙恩于袁氏父子，现在他们失败了我们不去救，也不去死，那就是无情无义。还要投降敌人，我不干。乌桓触说："夫兴大事，当立大义，事之济否，不待一人，韩珩既有志如此，听其自便。"做大事得讲究大义，你韩将军讲究的是小义。事情成功与否也不在乎一个人，韩将军有这样的志向，那就自便吧。一边说着一边把韩珩推出门外。乌桓触带人出城投降曹操。罗贯中写这一段，一方面是继续强调河北义士多，在幽州也一样有向韩珩这样的义士，同时也借乌桓触的嘴诠释了义之大小，给投降的不义行为找一个转圜（意指挽回）的台阶，进而给曹操北征的合法性找依据。

北征乌桓，首先是曹营文武官员的头脑风暴。其实，在讨论是否北征乌桓的问题上，曹军将领更多的是持反对态度，他们认为北方的异族是不重亲情的，是不会帮助袁尚兄弟的。所以深入北方的境内这么远去征伐他们大可不必。如果这个时候在南方的刘备劝说刘表乘机袭击许都，那形势可就太危险了。曹操的部下中，只有郭嘉劝曹操北征乌桓，并且认为兵贵神速。他预判刘表必定不会信任刘备，所以不会去用自己的实力来袭击许都。曹操采纳了少数人的意见，也就是采纳了郭嘉的意见，率领大军北征。

夏五月，大军到达无终县，就是今天的天津蓟州。秋七月发大水，靠海地区的道路不能通行。从华北平原到达燕北地区的路径有两条，一条是沿海坦途，一条是穿越燕山。郭嘉水土不服，病倒无法随军前行，即开始寻求向导。这时一个关键人物出现了，他就是田畴。《三国演义》里说："人荐袁绍旧将田畴，深知此境，操召而问之。畴曰：'此道秋夏间有水，浅不通车马，深不载舟楫，最难行动，不如回军，从卢龙口越白檀之险，出空虚之地，前近柳城，掩其不备：蹋顿可一战而擒也'。"曹操听从了田畴的意见，并且聘田畴为向导，在田畴的带领之下，曹军顺利越过燕山，逼近柳城，出其不意地来到袁熙、袁尚面前。两方交手，乌桓首领蹋顿的大军大败。蹋顿被斩于马下，大军全部投降，袁熙、袁尚带领数千骑兵败逃辽东。后被盘踞辽东的公孙康将袁尚、袁熙的头砍下来献给曹操。

曹操大胜，自然心境大好，于是在征服之地来了一个小旅行，登上碣石山观海。那时内地人能够看到大海实属不易，曹操虽气度不凡，却看海也难。这大海无边无际海天一色的景象，震撼了曹操，曹操诗兴大发，作千古名篇《观沧海》：

> 东临碣石，以观沧海。
>
> 水何澹澹，山岛竦峙。
>
> 树木丛生，百草丰茂。
>
> 秋风萧瑟，洪波涌起。
>
> 日月之行，若出其中；
>
> 星汉灿烂，若出其里。
>
> 幸甚至哉，歌以咏志。

曹操文韬武略，在中国文学史上也有一席之地。这首诗，既表达了曹操登上碣石山对所见大海景象的感慨，也表达了曹操对统一大业的雄心。

东临碣石，以观沧海，这里不仅曹操来过，秦始皇和汉武帝也来过，并留下了石碑作纪念。碣石就是单独耸立的石头，并不是特定的地名，耸立在海边的巨石都可以称为碣石。那么，曹操以及秦始皇光顾的碣石山在哪儿呢？有人认为位于北戴河境内的莲蓬山；也有人认为在昌黎县碣石山；还有人认为在河北省乐亭县西南地区。那么这个特定的碣石山到底在哪里呢？

秦始皇在秦皇岛做了三件事

历史上，都有哪些皇帝登临碣石山呢？

首先是秦始皇，公元前 215 年，秦始皇第五次东巡，登临碣石山，并刻石纪念；秦始皇死后，秦二世继位的第一年，其东巡郡县便也来到碣石山；汉武帝在公元前 110 年，即元封元年，封禅泰山，东巡海上，来到碣石山，凭吊之后，自辽西返回，而辽西即渤海北岸。

公元前 215 年，秦始皇来到秦皇岛。秦皇岛之所以叫秦皇岛，其实就源于秦始皇的这一次东巡，巡到了陆地尽头，大海之畔。《史记》记载了这次东巡，包括后面我们讲的碣石门刻辞的内容，也是《史记》记载下来的。根据《史记》的记载，秦始皇在这里办了三件事：

第一件事是派燕国人卢生去寻找仙人羡门、高誓。《史记·秦始皇本纪》中记述的原文是："三十二年始皇之碣石使燕人卢生求羡门高誓刻碣石门坏城郭决通堤防其辞曰……"这句话因断句不同，意义便有不同，现在一般按照羡门、高誓两个人名来断句。另有一说被访仙人乃羡门高，依据为《史记·封禅书》记述为："……而宋毋忌、正伯侨、充尚、羡门高最后皆燕人，为方仙道，形解销化，依于鬼神之事。"羡门、高誓（羡门高）是燕国人，秦始皇或许认为，让燕国方士去找燕国仙人一定要好找些吧。卢生入海求仙，自然没有结果，但是这卢生脑子还是比较灵活的，他弄了一个长生不老的药方和一本从神仙那里抄来的图书。寻找长生不老的药方，在今天看来，是一件多么愚蠢的事情。但是在中国古代，无论是皇帝、大臣还是普通百姓，对长生不老的药方都是笃信的，所以卢生不会被揭穿。这个药方自然会有一队人马去试验。换句话说，秦始皇肯定要把药方交给自己的团队研究。卢生还弄了一本从神仙那抄来的图书。这是怎么回事呢？这是卢生揣摩到了秦始皇的心理，那个时候，打仗就是争地盘争人口，统一了中原的秦始皇，更忧心的是匈奴对中原地区的侵扰。这种争夺地盘的战争，在此之前、之后几百几千年都存在。作为一个有学问的人，卢生当然明白这一点，所以他用书的形式，向秦始皇传达了这个信息，书上写着"亡秦者胡也"。意思是说，以后对秦国有最大威胁的就是胡人，随后秦始皇就派兵进行北伐，进而开始修筑万里长城。

秦始皇干的第二件事就是碣石门刻辞，我们将在下一节给您呈现。

秦始皇所做的第三件事，就是又派方士去入海求不死仙药，这次派的是方士韩终、侯公、石生。入海求仙人，求长生不死之药。结果呢，韩终入海之后就没有消息了；侯公也称为侯生，回来之后与卢生相友，但因忌惮始皇帝之残暴而双双逃走。据说后来侯公又被捉回，而始皇帝欲杀之而终未杀；石生结局文献无记载。

因此，今天的秦皇岛就有了一个著名景点——秦皇求仙入海处。事实上，在秦皇岛东山确曾竖有明成化十三年（1477 年）立的纪念秦始皇入海求仙的石碑，这块石碑后来改竖在南山海岸高地上。20 世纪 60 年代"文化大革命"期间，被人推倒落入海滩与海中，1988 年由秦皇岛市海港区政府收集打捞上 8 块残块，并依旧样复制"秦皇求仙入海处"石碑立于原地，向后人昭示那段神奇的历史。"秦皇入海求仙，说的是他派的人纷纷从海边儿上船，到大海深处去寻访仙人，而不是说秦始皇自己坐船入海求仙。

千古之谜——碣石在哪

本来，东临碣石、以观沧海之地，并不是什么千古之谜，就是在碣石山，位于河北省秦皇岛市昌黎县，有"天下神岳"之美称。秦始皇、汉武帝、曹操、李世民等七代帝王在此留下了壮美诗篇。自古以来碣石山与昌黎海滨以统一的整体屹立于华北平原通向松辽平原处，并作为东方"夷岛"进入中原的"贡道"起点而载入最早的地理经典著作《尚书·禹贡》之中。那为什么又成谜了呢？盖因为自古代始，秦始皇、汉武帝、曹操、李世民等七代帝王登临此处以后，时空变化，沧海桑田，这座帝王们描写的碣石山海景观，它不见了，凭空从世界上消失了。而在河北省昌黎县北的碣石山，虽然自古以来在当地流传这里就是帝王们登临的碣石山，但是，这座碣石山与历史文献的描述有着较大出入，这才形成了碣石在哪里的千古之谜。

南开大学地理系教授孙寿荫曾撰文指出，从现代地图上看，在河北省昌黎之北，确实有一座碣石山，属于燕山余脉。在东汉末年，曹操由于军事上的需要，曾经从泉州渠附近，即由今日的宁河区境向北，经丰润、乐亭二县到滦河，开辟过一条运河，名为新河，所以曹操沿新河北上到昌黎县北面的碣石山是有可能的。但这座碣石山的最高处仙石顶不过 633 米左右，距海将近 30 千米，即使登上主峰也很难看到"水何澹澹……洪波涌起"的雄壮景象。所以，碣石山是曹操等帝王登临之处的说法由此而被质疑。

秦皇汉武登临碣石时记述较少，曹操登临赋诗，说得倒是比较清楚，说："水何澹澹，山岛竦峙"，说明碣石紧邻着海水，甚至有部分还伸向大海里边呢，所以才有山岛之说。汉武帝之后，来到碣石留有记载的就是曹操。黄盛璋撰文指出，过去都以为是曹操在征乌桓的去路中登临碣石的，现在考明他是回路所经。第一，曹操于五月到无终（今天津蓟州），九月自柳城引军还。《碣石篇》第一首《观沧海》说："秋风萧瑟"，明明是九月天气，第二首《冬十月》开头就是："孟冬十月，北风徘徊"，第三首《河朔寒》应是十一月气候，而曹操正于十一月回至易水，可见三首皆为回军途中纪事。第二，去路原打算从傍海道，后因大水，海滨低湿，车马难通，改出卢龙道，从遵化北出喜峰口，没有傍海行走。卢龙道仅有"微径可从"，胜利还军时没有必要再走这条险路，傍海道乃是大道，由此往来柳城，史不乏例，如此他所登临的碣石，必在这条路旁滨海之处。

也许曹操看到这一处景色，才会想到要上去看看，也可能是曹操特意要上去看看，因为他当然知道始皇帝东巡至此。于是便有了曹操"东临碣石，以观沧海"的著名史实：曹操登上了碣石，看到了广阔的大海，有感而发写下著名诗篇《观沧海》。问题来了，今天昌黎县的碣石山却是距离大海30千米的一座小山，登上这个碣石山是看不到大海景象的，不符合曹操诗中描述，那么，如果不是昌黎的碣石山，曹操登临的碣石又在哪里呢？就这样，一个好端端的"东临碣石，以观沧海"，成了一个谜团，这也是曹操当年没有想到的。

那么，伸向海里的碣石山去哪儿了呢？

于是人们查经典翻文献，有人发现北魏时期著名地理学家郦道元的《水经注》里说，碣石山原在陆地上，为海水所侵，脱离了大陆，"立于巨海之中"。清初期的胡渭著《禹贡锥指》，在郦道元碣石山在海中的理论基础之上，进一步说，为什么现在找不到这样一座在海里的山呢？那是因为在海里的碣石山倒塌在海底了，即沦于海底之说。清末杨守敬以《水经注疏》《水经注图》和《历代舆地图》为加持，使沦海说修成正果，成为主流学说。

也因此，近年来还有另外一种看法，即认为曹操登临的是另一碣石山，原曾位于古代滦河河口附近（今大蒲河、七里海一带）的渤海岸边，只是到了北魏的时候，已沉沦入海了。这就是说，在碣石的位置问题中，还包含着一段海陆沧桑的历史。这里包含了哪一段海陆沧桑之变，我们暂且不表，到此，"主流"学说，把昌黎的碣石山给说"死"了，说"假"了，给否定了，给说没了。并且也没有被人们很激烈地反驳，因为这个小山就不在海边嘛！根本没有伸向海里嘛！离大海还有几十里地呢，站在上面根本看不到大海那壮丽景色呀！

被秦始皇、汉武帝、曹操登临的碣石，已经没有了，沦于海，位置还有待考证。

这一通操作，甚至牵连了秦皇岛这个地名，有什么证据证明始皇帝来到过这里？其实，人们并不怀疑始皇帝来过此地，因为有太多的文献记载和民间传说可以证明。比如碣石门刻辞也称"碣石颂"，是秦始皇三十二年，即公元前 215 年他东临碣石的时候，命人刻在碣石之上。所以，要是寻找那个沦于大海里的碣石的位置，实际上碣石门刻辞才是最好的标志物，遗憾的是，这个碣石门刻辞也遗失了。

碣石门刻辞的碣石是不见了，但是刻辞的内容却因为被载入《史记》而流传千古，其辞曰：

遂兴师旅，诛戮无道，为逆灭息。

武殄暴逆，文复无罪，庶心咸服。

惠论功劳，赏及牛马，恩肥土域。

皇帝奋威，德并诸将，初一泰平。

堕坏城郭，决通川防，夷去险阻。

地势既定，黎庶无繇，天下咸抚。

男乐其畴，女修其业，事各有序。

惠被诸产，久并来田，莫不安所。

群臣诵烈，请刻此石，垂著仪矩。

刻辞通篇讲的都是对秦始皇统一六国大业和天下太平景象的颂扬。刻石的目的是"垂著仪矩"，为后世留下应该遵循的规范。

这样一篇严肃的文告，究竟刻在哪里了？现已无从查寻其踪迹。不过碣石门的所在范围，大体上可以确定，就是在北戴河海滨以东，辽宁绥中止锚湾以西的海边岬角那片礁石群中。当然了，现在要是去秦皇岛北戴河旅游的话，是可以找到这个石刻的。但是，这个石刻是近年来复刻的，并非原物，也非原址，只是内容是原文。

秦皇魏武登临处，就是今昌黎碣石山

本书认为秦皇魏武以观沧海的碣石登临处，就是今昌黎碣石山。为什么？前文已经说到了，这个谜团始于郦道元的《水经注》。我们知道在当今学术界，郦道元的《水经注》被视为地理学界的学术权威。然而，正是源于郦道元《水经注》"原在陆上的碣石山为海水所侵，脱离了大陆，立于巨海之中"的描述，清朝胡渭、杨守敬更进一步说碣石山在郦道元时代之后沦于海底，才构成了"碣石沦没海底说"，形成所谓的千古之谜。

早在 1976 年，著名历史地理学家谭其骧就撰文否定了"碣石沦没海底说"。谭其骧指出："其实不论是郦道元的山在海中还是胡渭杨守敬等的沦没海底说，只要认真一推敲，都是站不住脚

的。"郦道元在《水经注》里是这么说的："今枕海有石如甬道数十里,当山顶有大石如柱形,往往而见,立于巨海之中,潮水大至则隐,及潮波退,不动不没,不知深浅,世名之天桥柱也。"这段话说,海边有大石头,就像甬道一样,绵延数十里;巨石立于巨海之中,潮水大了就把它淹没在海里了,潮水退去,它又露出来了。这样的说法,只能证明这个小山多么低矮,能被潮水淹没,不符合历代皇帝登临观海的那样的大碣石山。但一推敲,这种说法便站不住脚。

既然始皇帝和曹操登临的碣石山就是今昌黎碣石山,为什么还被质疑呢?就是因为昌黎碣石山距离海岸30多千米,实在是看不到大海波涛,才被人质疑的。为什么现在又说秦皇魏武登临的就是昌黎碣石山呢?其实是沧海桑田地理空间变化的结果。

原本孤悬海中的碣石山,后来又到哪里去了呢?由于陆海形势和地貌的变化,海水退去,使陆地与碣石山中间的海底露出地面。于是,陆地跟碣石山相连了,碣石山成了海边的一座山。所以登临此山,大海的波涛尽在眼底。这就是秦始皇和曹操分别登临的碣石山,东临碣石以观沧海的碣石山。

大海继续后退,碣石山前的陆地越来越多。在北齐年间,文宣皇帝东征班师的时候,依然循着古代帝王的足迹,登上了这座碣石山,然而再到隋炀帝在大业八年(612年)用兵辽东,班师途中就没有再登临这座碣石山，为什么，因为这个时候，这座山已经离大海很远了。站在山上看不见大海，也就没人再上去看海了。

从此以后，历代帝王就不再登临此山。唐太宗贞观十九年（645年）从辽东班师途经此地，"次汉武台，刻石纪功"（汉武台在今北戴河海滨的山冈上）。唐太宗没有沿着秦皇汉武魏武的足迹登上碣石山，而是另选汉武台，以观沧海，然后刻石纪功，说明那时碣石山前的景色已远不及北戴河海滨一带。

这就是昌黎碣石山上看不到大海，秦皇汉武魏武东临碣石以观沧海登上的却是这座昌黎碣石山的原因。

考古大发现

碣石山在哪里的说法大约有五种：第一，北戴河金山嘴；第二，绥中石碑地（即姜女坟）；第三，秦皇岛本岛；第四，昌黎碣石山；第五，秦皇岛一带地域。持第五种认识的人认为：碣石一非石，二非山，三非门，是地域，是碣石地域。而这碣石地域，恰恰包括了今天秦皇岛市的所辖地区及周边范围，也包括了前四种说法所指地域。这最后一种说法，就像是辩论会，不但取得了胜利，还消除了争论，因为把争论的几方都涵盖了，也就没有争论的必要了。这是表面上以辩论会的方式解读。但实际上消除争论的，使诸多说法失去意义的，是考古大发现。

秦皇岛以前叫秦王岛，秦始皇与秦皇岛的故事，一直流传于文献，比如当地各种地方志。在民国二十四年（1935年）版《北戴河海滨志略》记载：美国学者毕孝浦等在北戴河地区进行考古活动，发现故城遗址以及箭镞、陶器等，认为这是汉代"舟师聚泊之所"。

这篇《考古附记》全文如下：

中华民国十三年八月报纸记载，言美国考古专家毕孝浦博士，偕美国斯密兹尼恩博物院调查世界古迹，代表游海滨，谓金沙嘴为汉之海军根据地。毕氏乘飞机回系预备测量及他种器具，从事考查。前二年安得申氏于海滨发现古瓷多种，今岁燕京大学地质教授巴波尔及瑞典地质家苗金哥伦于毕氏同行，得不完整之汉砖与瓦当。益足证海滨乃古城遗址，并有古墙一段，工程专家言非海堤残基，盖墙垂系直，筑造不足以防海水。又于附近拾得铁块、矢头多种，毕氏考察铁块之年代，当远在前二千年。附近居民历来传述亦称北戴河为汉朝古城。按历史记载，汉朝曾沿北海滨筑之大军港，一为威海卫，一为旅顺，皆载在史册，其他一港，则阙，疑毕氏本此说推论海滨灯台一隅之海岛，与海军港位颇相似者，当时三港之建筑，乃防护高丽海盗攻击，毕氏与其他同仁比正搜茸考据之资料。

越明年夏，报纸有署名毅公者，著《消夏录》，言金沙嘴位于海滨东南、有古城基。数年来，友辈为予言之熟矣。来戴之二日，即往游焉。残砖破瓦，半蕴土中，拾其异式各一以归。砖之纹不一，有作回文方格者，有作斜纹者，厚皆寸余，长阔不可考，总有印织，土蚀不能详辨。瓦当作云虎式者多，径约五六寸，厚半寸，一瓦当有章，似监字，至所谓古城基者，觅久未得。地势平坦，异于他处，方形每面约半里许，基或在兹，未敢臆断。毕博士言烽墩十四处，石门路关隘敌楼八十九座，烽三十一号，墩台十座，烽堠每处兵士六名，迁警旗炮接传，其言海防也。金沙嘴有墩台，系山海路管辖，是皆明代兵制，明以前猝未详考。今金沙嘴旁，有小石岛突出海面，有烽墩遗址，与南戴河口及联烽山巅之墩，遥为犄角，平时以防海盗，防倭寇与五代之契丹侵略。就形势言，营垒之设置于此，殆无可疑。就瓦之尺度言，营垒而非必其地。当日尚有离宫别馆，秦皇汉武至其地耶，唐太宗之征高丽，北齐宣帝之筑长城，尝驻跸于此耶，将欲定其建筑之时代，则非着手搜掘得文学之征，信固未可。向壁虚造，意为武断者，记朱蝥公与毕博士问答语并录邵次公北戴河考，原文于此，质诸世之好古家。① 这篇《考古附记》，记述了外国人在北戴河考古，

---

① 李书和主编：《碣石》，中央文献出版社，2012 年版，第 322 页。

发现瓦当等陶器，并分析说这是古城遗址而不是防潮海堤，断言此地有古代行宫，那些帝王"尝驻跸于此"，为日后中国学者研究提供了很好的开端和前景。

果然在几十年之后的 1980 年代，这一带考古活动陆续出现奇迹。先是 1984 年，辽宁省考古工作者发布了一条信息，距离秦皇岛山海关十多里的绥中县姜女坟对面的石碑地（辽宁省绥中县万家乡墙子里村），出土了秦汉建筑遗址，该遗址就是历史上举行观沧海等活动的地方。考古工作者和历史学家发表了一篇研究简报，里面提到在绥中县姜女坟秦汉建筑遗址中，有几处大型的宫殿，可能是秦始皇东巡时休息的行宫，也是汉武帝临碣石观海的望海台。

紧接着，秦皇岛这边的考古活动也有大发现，这让考古界人士激动不已，受辽宁绥中考古发现的启迪，秦皇岛成立了碣石研究会，并且开始对金山嘴、横山、鸽子窝、莲蓬山、沙窝等五处地方进行考古挖掘，终于在 1986 年 6 月在金山嘴和横山发现规模宏大的秦汉宫殿遗址。1986 年 9 月 25 日，《人民日报》第一版发表了题为《秦皇岛得名传说有了确凿依据，北戴河发掘出秦始皇父子行宫遗址》的消息。文章说："河北省文物研究考古工作者，最近在秦皇岛市北戴河区金山嘴的基本建设中，发掘出秦始皇和秦二世东巡渤海时的行宫建筑群遗迹。""这一遗址的发掘证实了秦始皇统一中国后，为稳定东部的统一局面，东巡渤海时亲临秦皇岛，在海滨高丘上修筑了规模宏大的宫殿建筑群。过去传说秦皇岛是由秦始皇亲临这个地方而得名，如今有了确凿依据。"中国考古界人士认为，这是我国秦汉考古工作的重大收获。著名考古学家苏秉琦教授认为，北戴河秦皇行宫遗址和墙子里村秦代行宫遗址是一个整体，是具有纪念意义的建筑群，它的发掘对研究秦汉时期中国文化迅速统一和交流的原因，提供了重要的线索。

秦皇岛考古大发现的文化意义

考古大发现带来的一个明显变化就是，那些关于碣石的争议，关于碣石门石刻在哪，入海求仙处在哪等等的争议，自动就停止了。为什么说考古大发现阻止了上述的各种争论呢？是因为基本事实变了，考古大发现之前说，无论秦始皇还是曹操，都是路过此地，登上一个山头，看着大海，或者就算是秦始皇，也是东巡途经此地，派人入海求仙等。基本事实停留在一个"路过"的事实。但是，考古大发现却改变了这种基本事实。考古大发现发现了辽宁省绥中县墙子里大量的秦宫殿的遗址；紧接着在秦皇岛金山嘴，北戴河海滨一带，也发现了大量的秦宫殿遗址。两处遗址，是同样的性质，同样的特征，同样的规模宏大，同样的各种形制，充分证明了这就是当年秦始皇的行宫，而且秦朝两代皇帝都在此驻跸，不是路过，而是来居住。这样一来，他们登上了哪个山头还重要吗？他们登上若干山头都是有可能的；秦朝两代皇帝都在此驻跸，使人们对秦皇岛历史有了重新认识。

公元前 222 年，秦始皇征服了燕国，实现了对远东的控制，而最东方便是大海，对大海之外而言，这里也是秦国国门。所以，为了加强对东方的控制和对国门的控制，秦始皇在这里修建了宫殿。当时的秦文化已经达到了相当的高度，秦始皇动用 70 万人，在骊山修建了规模恢宏、奢华无比的阿房宫，地下的兵马俑在今天也成为世界奇迹，说明当年秦文化已达到惊人的高度。一直以来，人们探寻秦代遗址都在关中地区，在西安，在咸阳。而在辽西的绥中，在冀东的秦皇岛，发现秦代大型宫殿遗址，确实是一个非常惊人的考古大发现。说明在秦代，辽西冀东这一带，从燕文化，已经开始转为秦文化。也就是说，这里曾是燕国，是燕文化的发祥地和勃兴之地，然而，随着秦始皇的军事征服，秦文化传播到燕地。我们知道，文化是具有传播性的，战争也是传播途径的一种。在秦皇岛发现的这些秦代宫殿遗址，更成为这一文化传播的铁证。

正如考古学家俞伟超所言："秦始皇统一了六国，秦文化有一个高度综合，秦文化影响了东方。""秦的军队到哪里，就会带到哪里，它有强烈的文化，年头距燕差不几年，文化面貌却显然不一样。各国有突然变化，那是秦带来的。""今天，从北戴河遗址看，已不是燕文化了，是秦文化。"

　　毫无疑问，今天的秦皇岛文化依然是燕文化，但是它一定是
燕文化与秦文化碰撞融合的结果。在秦汉时期，燕地一定有一次
非常猛烈的秦文化的输入，进而是秦文化与燕文化的融合。那么
历史上秦文化与燕文化是如何碰撞与融合，融合的结果是怎样的，
以及今天秦皇岛文化当中的燕文化元素、秦文化元素等文化特征
具体有哪些，都是未来随着考古的进一步发现，需要由义史学者
完成的大课题。

本章的参考著作：

1. 罗贯中：《三国演义》，天津：天津古籍出版社，1989。

2. 罗贯中：《三国演义》，西安：三秦出版社，1992。

3. 陈寿，徐寒注译：《三国志》，天津：天津人民出版社，2019。

4. 彭华译注：《华阳国志》，北京：中华书局，2023。

5. 萧统：《昭明文选》，北京：民主与建设出版社，2021。

6. 司马迁著，贾太宏编译：《史记》，北京：金城出版社，2018。

7. 李书和：《碣石》，北京：中央文献出版社，2012。

8. 孙志升：《天开海岳秦皇岛》，北京：中央文献出版社，2009。

《水浒传》篇

好汉难当

林冲　　　　　　　　插图 李伟

林冲沧州历险记

　　《水浒传》开篇不久，施耐庵不惜用三个章回的笔墨描写林冲遭遇陷害并被刺配他乡、加害几至丧命，不得已投奔水泊梁山的故事。成语"逼上梁山"说的就是这个故事。

　　武艺高强又温文尔雅的好男人，这是林冲的人设；吃肉、喝酒、打架、花和尚，这是鲁智深的人设。鲁智深这样的人，会结交三教九流，包括泼皮无赖，都是他打架的对象、征服的对象，甚至结交的对象。他凭借倒拔垂杨柳，征服了一众泼皮无赖；又凭借着耍他那 62 斤重的铁禅杖，征服了林冲。二人惺惺相惜，话语投机，说个没完。此时，林冲家的丫鬟慌慌张张地跑来告诉林冲，林娘子被人调戏，赶紧去解救。林冲听了大怒，心想：我做着 80 万禁军教头，我的娘子还有人敢调戏？林冲来到东岳庙，看见楼梯上一个年少后生拦住了林娘子的去路。林冲大怒，箭步窜过去，伸手拧住少年手臂，举拳正要打，那少年一回头，林冲一看，认识，手便软了下来。这是近来得势的一个京都高官太尉高俅的螟蛉之子（义子，原是高俅的叔伯弟兄，为了达到自己能享富贵的目的不择手段，不惜给高俅当儿子，足以证明这个人是个无赖）的高衙内。高衙内回头一看见是林冲，厉声呵斥："林冲，干你甚事，你来多管？"

这一次高衙内自然是没有得手，之后他手下的奴才便设了一个骗局——林冲的朋友陆谦来到林冲家，请林冲到自己家喝酒，林娘子嘱咐道："大哥，少饮早归。"然而走到街上，陆谦随口却说咱就别去家里喝了，就去饭馆喝酒吧。林冲自然不好反对，于是二人看似随便地来到一个饭馆，开始喝酒。

半个时辰后一汉子来到林冲家，说林冲在陆谦家喝多了，晕了过去，请林娘子赶紧过去救助。林娘子和侍女赶忙跟着汉子来到陆谦家，后边的故事可想而知，陆家没有林冲，从屏风后边转出来的是谁，想必您已经猜出来了……

林冲这酒喝得就是借酒浇愁愁更愁的酒，很容易便喝多了。也幸亏喝多了，就去小巷小解，撞见了满大街寻他的使女锦儿。林冲来到陆家时叫道："大嫂开门。"高衙内闻听吃惊不小，跳窗而逃。林冲冷静地问林娘子："不曾被这厮玷污了？"林娘子答道："不曾。"林冲就把陆家砸了。

高衙内这厮，没少霸占良家女子。这回偶遇林娘子，被林娘子的美丽和气质吸引，但是一回偶遇、一回设计，均不得手，这厮就害了相思病，居然病倒了，赖床不起。手下奴才将此事禀报高太尉，高太尉心疼义子，便跟手下奴才进一步设局陷害林冲。80万禁军教头的分量，远远抵不上他那儿子，甚至抵不上他儿子的相思病。换句话说，林冲的性命远不及高衙内的情绪重要，只要他儿子不高兴，林冲就有可能丢掉性命。

之后就是著名的林冲买刀，误闯白虎堂被治罪，被脸上刺字、项上带枷、脚上带镣、脊杖五十，发配远恶军州。

这天在巷子口，林冲见一大汉手里拿着一柄大刀，上面插着个草标签，哦，卖刀的，上前看时不由惊呼，真是好刀，经过讨价还价，便花 1000 贯钱买下。买完刀以后，林冲问卖刀人这刀的来历，卖刀人说是祖上传下来的，因为家贫，没办法才把它卖了。林冲问他祖上是谁，卖家不肯说，林冲也就不便再问了。林冲真是喜欢这把刀啊，他自言自语地说：高太尉府上有一口宝刀，不让人看，几次想借来看，他也不借给我，现在好了，我也买了一口宝刀，有机会和他比试比试。林冲沉浸在买刀的兴奋中，把林娘子被高衙内调戏的事忘得一干二净；又或者并没有忘，还想试图找机会讨好高太尉。但是你忘了，别人却没忘；你想讨好人家，人家正想要你命呢。第二天，两个承局喊林冲：太尉听说你买了一口好刀，叫你拿到他府里，让太尉看看，太尉还在府里等着你呢。林冲听了，说了一句，谁这么多嘴呀，马上就报告太尉了。然后穿衣，拿了刀，还颇为愉快地向高府走去。路上林冲不经意地问，我怎么不认得你们俩，二人说我们是新来的。因着讨好高太尉的心情，林冲没有对陌生人保持警惕。说着走着，就到了高太尉府上，跟着二人东转西转进到府院深处。进入一个庄严殿堂后，二人让林冲在此等候，便不见了人影。林冲左等右等不见来人，见墙上檐下有四个字：白虎节堂。林冲顿时被吓了一跳。这节堂是商议军机大事的地方，怎么能无故闯入，这不失礼了吗。林冲正要回身离开，这时一个人从外面进来，来人不是别人，正是高太尉。太尉说，你怎么不打招呼，竟敢闯入白虎节堂，手里还拿着刀，莫非是想刺杀本官。高太尉一声呼唤，出来20多人，把林冲五花大绑，送交开封府，高太尉交代要开封府"好生推问，勘理明白处决"。

在开封府，林冲遇见一个好人，此人姓孙名定，是这个案子承办人之一，孙孔目。他坚定地认为林冲是被冤枉的，他劝说开封府尹搪塞高太尉，轻判林冲。

开封府滕府尹道，你说怎么轻判呢？孙定道：看林冲口词是个无罪之人，只是没拿住那两个承局。如今只要让他承认违规腰悬利刃，误入节堂，打他二十杖，发配远方就是了。

滕府尹也知这件事是怎么回事了，自去高太尉面前再三禀说林冲口词。高俅情知理短，又碍着滕府尹的面子，只得准了。要是这么看，这孙孔目和滕府尹也非常不简单，顶头上司拍下来的案子，还敢据理力争，居然就做了轻判。

于是，滕府尹回来升厅，叫林冲除了长枷，断了二十脊杖，唤个文笔匠刺了面颊，量地方远近，该配沧州牢城。当厅打一面七斤的枷，钉了并贴上封皮，押了一道牒文，差两个差役监押前去。这两位监押林冲的公差是董超、薛霸。

林冲被发配沧州。

为什么当时的沧州被称为"远恶军州"？

从史料上查证，古代沧州自然条件和人文环境极其恶劣，属退海之地，荒滩盐碱、贫瘠苍凉。加之常年旱、涝、虫灾、瘟疫不断，使沧州地域物产匮乏、人烟稀少。此时的宋朝经济文化重心南移，沧州又属要塞边陲，需要补充人员戍守，所以发配林冲到此充军也符合当时背景。加之东京汴梁距离沧州有千里之遥。故此，沧州当算得上名副其实的"远恶"了。

那么"军州"又有何讲呢？一百回《水浒传》版本中，开头就表道："自古帝王，都不及这朝天子，一条杆棒等身齐，打四百座军州都姓赵"就讲到了"军州"。据史料，宋为了卫疆戍边，沿袭唐制及五代，在边关要塞处的州府县设立军队，有的各自统辖，有的军政合一。当时的沧州地属州治且为军事要冲，历史上曾设横海军，自然名列军州。

野猪林不相信眼泪

话说董超、薛霸各自回家收拾行李，在胡同口被酒保（酒馆里跑堂的）截住，说饭馆里有人请。董超、薛霸一先一后被酒保请到了酒馆。见一官人正在等候，二人坐定以后，酒保上了满桌子的酒菜果蔬。然后。这个官员并不说话，先拿出10两金子放在董超、薛霸二人面前，一人5两，说二位端公（对衙役的称呼）先收了这个小钱，有小事麻烦二位。二人说，我们素不相识，怎么能收你的银子呢？那人道，二位不是去沧州吗？二人说，对呀，押解犯人林冲去沧州。官员说就是这个事儿，我是谁呢？我是高太尉府上的心腹陆虞候，也就是第二次骗林娘子的那位林冲好友陆谦。但是此时他说自己是高太尉的心腹。高太尉手下的人得意时，当然愿意称自己是大官的心腹，心腹其实就是奴才，而奴才是真的，朋友却是假的。董超、薛霸听了以后，连连点头哈腰。意思是，我们这样的小人物，怎么能跟您这个大人物一起吃饭呢？陆谦说，你们二位也知道，林冲和高太尉是对头，我奉了高太尉的差遣，把这10两金子送给二位，希望你们答应，不用远去，就在前面僻静处，把林冲结果了。如果有任何官差找你们麻烦，太尉自行吩咐，并不妨事。

于是他们上路了，准确地说，是林冲上路了。林冲走上了一条不归路。

在上路之前，还演绎了一出悲戚万分的休妻桥段。林冲当然是为了保护他的娘子，也不舍得他的娘子，但是面对黑恶势力，他没有办法。他被官差带上了枷、刺了面，被人像狗一样牵着。他纵然是武艺高强的80万禁军教头，也没有一丝一毫的能力去保护他美丽的娇娘，只能一纸休书给他的老泰山，老泰山和众邻居都知道林冲的用意。林娘子哭天抢地，晕死过去。这凄惨的爱情在黑恶势力及那种社会制度面前不堪一击。

林冲还是上路了。在路上，受尽两个差役的折磨。差役哄骗林冲说要给他洗脚，把林冲的脚摁到滚烫的水盆里，林冲大叫，脚被烫出若干大泡。第二天，两个差役又拿来新草鞋给林冲穿，那真是如针扎心、寸步难行。在无尽的羞辱和残害面前，林冲表现得依然温和，只会苦苦相求。就这样，一个80万禁军教头已然受尽折磨，被牵着来到了一片猛恶林子——野猪林。

这就是高太尉的奴才陆谦指示他们要杀林冲的地方。尽管林冲颈上戴着枷锁，脚又被他们烫伤，穿着新草鞋举步维艰，但是他们还是忌惮。林冲毕竟是80万禁军教头，武艺高强。于是二差役继续骗他，说都是因为你走不动，才走了这么长时间，走了这么点路，我俩都走累了，走困了，要休息。林冲说，二位端公就休息吧。二差役说不行，得把你捆起来，不然我们休息了，你跑了怎么办。林冲说我是正人君子，怎么会跑呢？二差役不信林冲。林冲说，如果不相信就绑吧。于是他们就把林冲绑到树上，绑完之后便举起棍子对林冲说，我们奉了高太尉的命令，要在路上结果了你。"林冲见说，泪如雨下"。然而，野猪林不相信眼泪，二恶差举起棍子朝着林冲的脑袋就劈将下去。

林冲当然没死，如果他死了，《水浒传》一定减色不少。林冲被鲁智深救了。当林冲"泪如雨下"也不管用的时候，他绝望了，闭上眼睛，等着受死。就在那根水火棍劈下的瞬间，鲁智深的铁禅杖，将差役的木棍打飞，并三下五除二地将二恶差打翻在地。这时，林冲睁开了眼睛，他看到，鲁智深即将杀掉那两个差役，所以林冲又喊话了：不可下手。他们俩也是受人指使，不得已而为之，你如果打杀他俩，也是冤案。既然师兄救了我，休害他俩性命。林冲已经九死一生了，在被自己的朋友救下时，却还要给杀他的人说情。林冲这人设，是不是有点过分善良了。

野猪林不相信眼泪，那野猪林在哪儿？

今天的沧州人，比我们更加关注《水浒传》与沧州的联系，而且当地学者写有大量的文章来考证。南皮县学者考证说："野猪林当在今南皮县的东、西林子村"（赵树森《"野猪林"与东、西林子村》，2016 年 6 月 21 日《沧州晚报》人文版）；东光学者则认为在今东光县南霞口镇鹿林村（李兆新《"草料厂"与马厂村》，

2016年9月9日《沧州晚报》人文版）；沧州学者认为：野猪林是一座"猛恶林子"，乃是杀人劫道的好去处，董超、薛霸选在此处下手有以下考量：一是原著交待"此是东京（今开封）去沧州路上第一个险峻去处"；二是陆虞候在押解林冲出东京时暗地交代："……望你两个领诺，不必远去，只就前面僻静去处，把林冲结果了，就彼处讨纸回状，回来便了。"当下薛霸收了金子，说道："官人放心，多是五站路，少便两程，便有分晓。"从原著的描述中，我们可以得出猛恶的野猪林距离开封并不遥远（王立成：《林冲刺配沧州地名漫论》，载于《中华读书报》2017年3月15日）。

另外董超、薛霸二人在野猪林下手的前一天，因炎暑正热，林冲又蹇足难行，薛霸于是借口怕误了行程而埋怨道："你好不晓事，此去沧州二千里有余的路，你这般样走，几时得到？"当日晚上夜宿没有前行，第二天早起先走了二三里，林冲因脚泡磨破化血捱不动时，在薛霸的谩骂和威吓之下"只得又捱了四五里路"就到了野猪林。以此计算时间和路程，可知野猪林远不到沧州，甚至不在河北域内。野猪林之后至沧州的行程也再次印证了这一点，书表："被智深监押不离，行了十七八日，近沧州只有七十来里路程。"值得一提的是，这十七八日的脚程和野猪林前面的速度是不可同日而语的。全因鲁智深"要行便行，要歇便歇，哪里敢扭他？好便骂，不好便打。两个公人不敢高声，更怕和尚发作。

行了两程，讨了一辆车子，林冲上车将息，三个跟着车子行着。"据此可知，先有鲁智深"好便骂，不好便打"的强制之下，又有"讨了一辆车子"帮忙，路程加快是显而易见的，如按每天行程百里来算，也大致符合书中所提的"二千里有余的路"了。

总之，南皮也好，东光也罢，基本上都是隶属沧地旧州，野猪林就算是在宋首都附近，那也是在奔向沧州的路上。

柴大官人：不爱江山爱好汉

鲁智深一路护送林冲，将近沧州时安排好一切就告退了。他留下了银两，留下了对二差役的恐吓与威胁：你们给我好生地照顾林冲，不然要你俩小命。二差役刚捡了一条命，并领教了鲁智深的武艺和禅杖。所以，二差役这回绝不敢因鲁智深不在再欺负林冲，否则，鲁智深会在日后要他们的狗命。

一行三人在临近沧州的一个酒馆，遭遇一件小事，赢得一个转机，林冲又结交一个好汉。事情是这样的：林冲三人与鲁智深分别后，前行不远，遇到一个村庄，便在此打尖（就是休息）。见店小二不理他们，林冲道："不卖酒肉与我，有甚好意？"店主人道："你不知，俺这村中有个大财主，姓柴名进，被称为柴大官人，江湖上都唤作小旋风，他是大周柴世宗嫡派子孙。常常嘱咐我们：'酒店里如有流配来的犯人，可叫他投我庄上来，我资助他。'我如今卖酒肉与你，吃得面皮红了，他道你自有盘缠，便不助你。我是好意。"林冲听了，对两个公人道："我在东京教军时，常听得军中传说柴大官人名字，却原来在这里。我们何不同去投奔他？"董超、薛霸寻思道："既然如此，有甚亏了我们处。"于是就收拾包裹。林冲问店主人："柴大官人庄在何处？我等正要寻他。"店主人道："只在前面，约走二三里路，大石桥边、转湾（弯）抹角那个大庄院便是。"林冲等谢了店主人，出门行走二三里，果然看见一座大石桥。过得桥，来到一条平坦大路上，就望见绿柳阴中的那座庄院。四下一周遭一条阔河，两岸边都是垂杨大树，树阴中一遭粉墙。转弯来到庄前看时，好个大庄院……

柴大官人非常好客，尤其好结交这些被刺配的罪犯。他知道他们有的是被冤枉的好汉，所以才周济他们。在柴大官人庄园，林冲被好吃、好喝、好招待。某一天林冲偶遇同样在庄园寄居的洪教头，洪教头自恃武艺高强，与林冲比武，败下阵来。此一节说明林冲的武艺高强，柴大官人对林冲更加另眼看待，厚爱有加。后来，在差役的催促下，林冲一行三人继续奔往沧州。柴大官人与沧州的牢城管营等都有交情，所以就替林冲写了书信，委托照顾，并赠送银两。

林冲一行到达沧州之后，便是"林冲风雪山神庙"，"陆谦火烧草料场"的故事。在讲这个故事之前，我们先讲一讲柴大官人到底是谁。《水浒传》的第九、十回，便出现了柴大官人。

如此阔绰大方、讲义气的柴大官人，到底何方神圣。

柴大官人姓柴名进，绰号小旋风，大周柴世宗嫡派子孙。《水浒传》故事发生在北宋年间。宋朝分为北宋（960—1127 年）与南宋（1127—1279 年）。宋朝的开国皇帝是宋太祖赵匡胤。赵匡胤生于 927 年五代十国时代，河北涿州人。

赵匡胤成年以后从军，担任后周殿前都点检，领宋州归德军节度使，握兵权。也就是说，赵光胤在后周担任殿前督监使，殿前相当于朝廷警卫局。然后他又担任宋州节度使，手握兵权。公元 960 年赵匡胤出兵抵御北方少数民族的侵略，途中行到陈桥驿发生了兵变。赵匡胤以及赵光义兄弟二人率领的士兵，在陈桥驿停住不走，举赵匡胤为皇帝，宣布国号为宋，赵匡胤"不得不"接受这个帝位。然后领兵回到周国，后周幼主不得不禅让。于是宋朝肇始，后周灭亡了。而后周是谁家的天下呢？是柴氏。赵匡胤从柴氏手中接管了政权，接管了国家，接管了疆域和人民，下了一道诏令，给柴氏宗亲免死铁券、优待政策，使之成为一个特权家族。也就是说，柴氏对于赵家有重大的利益让渡，换句话说，赵家对柴家有重大亏欠。所以才使得柴氏皇族在宋朝享受特权，柴进才能在燕赵大地呼风唤雨，柴家发展成了一个结交英雄、广纳壮士、接济义士、乐善好施、四下散财、不惧官府的一个官民都比较拥戴的家族和庄园。

在《水浒传》中，宋江、宋清、武松、林冲、石勇等，均得到过柴大官人的接济。

柴大官人的庄园在哪里？

《水浒传》第九回"柴进门招天下客，林冲棒打洪教头"中描写林冲三人与鲁智深分别后，在一村庄小店打尖。店小二给他们介绍了柴大官人以及他的家：只在前面，约过二三里路，大石桥边，转弯抹角那个大庄院便是。

前文鲁智深估算的"近沧州只有七十来里路程，一路去都有人家"及三人与鲁智深分别后前行不远，便遇到一个村庄的描述，大致可以推断林冲一行临近或已进入了现在的河北沧州界。再有第十一回"朱贵水亭施号箭，林冲雪夜上梁山"中林冲道："沧州横海郡故友举荐将来。"第三十五回"石将军村店寄书，小李广梁山射雁"中描写，那汉（石勇）道："一个是沧州横海郡柴世宗的孙子唤做小旋风柴进柴大官人。"第六十二回"放冷箭燕青救主，劫法场石秀跳楼"中，那人开话道："节级休要吃惊，在下便是沧州横海郡人氏，姓柴，名进，大周皇帝嫡派子孙，绰号小旋风的便是。"还有第二十二回写宋江杀了阎婆惜，被朱仝解救。朱仝问他却投何处去好，宋江答道："有三个安身之处：一是沧州横海郡小旋风柴进庄上，二乃是青州清风寨小李广花荣处，三者是白虎山孔太公庄上。"宋清也说："我只闻江湖上人传说沧州横海郡柴大官人名字，说他是大周皇帝嫡派子孙，只不曾拜识，何不只去投奔他？人都说仗义疏财，专一结识天下好汉，救助遭配的人，是个现世的孟尝君。我两个只投奔他去。"原著数次提到柴进家住沧州横海郡，那么这个"沧州横海郡"具体是哪里呢？

经查证，史无横海郡。但唐代却有一镇叫横海军，治所就在沧州。资料显示，天宝元年（742年）唐改沧州置景城郡，乾元元年（758年）复改为沧州，贞元年间（785—805年）置横海节度使，后唐改为横海军，宋代废除横海军，改为沧州。

原著称其沧州横海郡对不对呢？有学者在研究中认为施耐庵描述的确有谬误。认为《水浒传》里提到的"沧州"，如属于节度使所在州，则其节度全名为"横海军节度"；如州名"沧州"，郡名"景城郡"，就应称"沧州景城郡"，或谓"沧州横海军"，唯独不能叫"沧州横海郡"。是不是施耐庵不清楚以上三者之间的关系和区别，或是把"军""郡"弄混淆了？

其实，即使原著对史实称谓的不准确，但三者大致地理指向还是一致的。因为在北宋年间，沧州曾辖有7个县，后来合并成5个县，即清池县、无棣县、盐山县、乐陵县、南皮县。具体范围包括今沧州市区（北宋时为长芦镇）、沧县东部、盐山县、海兴县、孟村回族自治区、黄骅市、渤海新区、南皮县、天津静海区及山东滨州北部。故此，柴进家住隶属沧州的其中一个地方还是可以推测的。

同时，从原著对比武的描写，也可以知晓。《水浒传》第九回描写林冲在柴大官人的庄园与洪教头比武，以白描的手法描述二人过招。书表："洪教头深怪林冲来，又要争这个大银子，又怕输了锐气，把棒来尽心使个旗鼓，吐个门户，唤做'把火烧天势'。林冲想道：'柴大官人心里只要我赢他。'也横着棒，使个门户，吐个势，唤做'拨草寻蛇势'。"一个使了个"山东大擂"，一个用了一招"河北夹枪"。"大擂棒是鳅鱼穴内喷来，夹枪棒是巨蟒窠中拔出。大擂棒似连根拔怪树，夹枪棒如遍地卷枯藤……"

山东大擂和河北夹枪，都指武艺招式。具体说，山东大擂乃属棍技，叫大擂棒；河北夹枪乃是枪术，这里是以枪入棒，叫夹枪棒，就好似"保定府的勾腿子"一样，属山东、河北当地创建或流行的武术招式。又恰恰沧州人世代习武成风，极有可能是施耐庵有意渲染河北沧州的特色，即燕赵大地一隅的沧州，却是个武术文化兴盛之地。燕山文化，文武兼具。

最精彩的桥段——林冲风雪山神庙

曾经岁月静好的时候，林冲有过 80 万禁军教头的身份，后来却变成了阶下囚。

林冲保住性命，从最惨的状态中挣扎出来，是靠鲁智深的义气；成就他一个罪犯"岁月静好"的，则是柴大官人的豪情。不爱江山爱好汉，林冲也称得上好汉。他拿着柴大官人的介绍信，沧州地面上的牢头狱霸、狱警管教等都给面子，再加上银子使然，于是得到一份安逸的差事，过上了相对舒适的流放生活。林冲本想岁月静好，但有人不让他岁月静好。那陆谦又悄悄地来到沧州。追杀林冲的手段其实很简单，他叫酒馆的店小二把营管、差拨叫来，报名号、使银子、安排杀害林冲的"任务"。那营管、差拨就跟董超、薛霸，都是一个德行，只要上头授意，又有银子赚，他们一定会干。

于是他们让林冲去看守草料场，草料厂营房破败不堪，又正值大雪纷飞，四壁漏风，无法御寒。于是林冲出去沽酒，遇见山神庙，回到草料厂时，大雪把营房压塌了。如何度过这暴风雪中寒冷一夜呢？林冲想到了山神庙。于是他扯过棉絮走回山神庙，预备将就着挨过这一宿。林冲正在似睡非睡之时，忽听得外面噼啪作响，抬头看时火光冲天。他走出庙堂，走到院门时，看见有几个黑影闪来。林冲便抵住大门，三个黑影见推不动门，便在门廊站定，议论纷纷，谈话中被林冲知道，他们是差拨（当地的狱警）、富安（陆谦的同伙，随陆谦前来）和陆谦，来到此处，先让林冲看草料场，然后企图放火烧死林冲。他们不知道的是，林冲正拿着刀藏在他们背后。于是林冲打开大门，将三人杀死。我们在这解读一下，草料场和山神庙又在哪儿呢？

原著描写林冲到达沧州后因柴大官人相护并不曾受多大刁难。但好景不长，陆虞候和富安追至，设局让林冲去守草料场以便纵火行凶置其于死地。书中写道，到第六日，只见管营叫唤林冲到点视厅上，说道："你来这里许多时，柴大官人面皮，不曾抬举的你。此间东门外十五里有座大军草场，每月但是纳草纳料的，有些常例钱取觅……"东门外的称谓一般都是以城池为坐标，此种说法明白无误地指出大军草料场在沧州（今沧州旧城）城东门外15里地处。此间距离甚好，既能方便城内军马后勤所需，又能避免过远则远水不解近渴，过近则因城市人员聚集繁杂不安全的情况，当然选址还有草料原料供应的考量，一般都选在乡民集中地，而不是城市辐射区，这样能更好地方便乡民"纳草纳料"。所以那草料场应该就在沧州旧址的"东门外十五里"。

有学者认为草料场在海兴马厂。海兴马厂村养马，虽也应该储备草料，但与沧县旧城城关相距近百里，与文中15里的交代相差甚远，故不予采纳的说法。

又有学者认为山神庙在马厂东 10 千米处的小山下。这个说法与原著出入比较大。书中老军和林冲交接时曾提醒林冲，说道："你若买酒吃时，只出草场投东大路去，二三里便有市井。"这里的"市井"当指的是集市人家。林冲去此处沽酒，路经一所古庙也就是书中的山神庙，书表"那雪正下得紧，行不上半里多路，看见一所古庙"。后林冲因雪大压坏了草厅的居处，想找个落脚点，再次想起"离了这半里路上，有个古庙，可以安身。我且去那里宿一夜，等到天明，却作理会"。原著借林冲之口再次点名了山神庙与草料场之间只有半里之遥。而且在庙里躲雪时，"只听得外面毕毕剥剥地爆响，林冲跳起身来，就壁缝里看时，只见草料场里火起，刮刮杂杂地烧着"。可见，山神庙就在草料场旁边。认为山神庙在马厂东 10 千米处的小山下，是错的，或许是因沧县旧州没有小山，何来山神庙？因而这一考证不被支持。

《水浒传》里的翠屏山在天津蓟州吗？

　　在《水浒传》当中第一波高潮的故事应该是林冲的故事；第二波高潮应该是武松的故事。这两个故事，占据原著的篇幅较大，并且真的很精彩。在此之后，第四十四、四十五、四十六回，为读者打造了一个杨雄杀妻的故事。

　　有意思的是，与林冲的故事、武松的故事相比，这个故事篇幅小了许多，主要人物的描写也逊色了不少，故事的主角杨雄、石秀，充其量就是这个故事的主角，而林冲和武松，却被塑造成全书的主角。但是，论故事的情节，这几章可是有过之而无不及的。其实，这段故事的发生地，就是今天天津境内的蓟州，也是当时宋朝的蓟州，燕山脚下蓟州城；翠屏山，就是天津蓟州城东翠屏山。

　　据史书记载，蓟州翠屏山位于蓟州城东 20 里，同属燕山余脉，丘陵地貌，山势低缓，山色郁葱苍翠，连画如屏，故名翠屏山。

　　翠屏山主峰海拔高度 181.9 米，地层为中元古界深灰色石条带白云岩和叠层白云岩；土壤类型为淋溶褐土；植被类型为荆条、酸枣、萱草、白羊草灌木丛群落。翠屏山历史上佛道兴盛，山上曾建有佛寺白云寺和道观东岳天齐庙。相传，东岳天齐庙正殿是三层四坡阁楼，西侧有配殿，后面有文峰塔，高约丈余。后毁于战火，遗址尚存一块承露台。承露台直径2米，高2米，是古人求雨之处……

《水浒传》小说描述和蓟州志书记载，不仅山名相同、地理方位无异，而且"翠屏山"的景物更是不差毫厘。另有史料记载，翠屏山自古就是一座乱葬岗，曾有文字表述："翠屏山山下有石人造像，面目模糊似百年之物……"直到今天，山上还时常发现古墓葬，山脚下即为翠屏湖，湖畔也常常发现一些碎陶片瓦等明器残片，著名的"青池遗址"和汉墓群就在翠屏山脚下。

所以，《水浒传》里的故事发生地，无可置疑地指向了今天的天津蓟州区，应该确定与《水浒传》小说故事发生地就是同一个地界儿。

"杨雄杀妻"这一大段内容，早在《水浒传》成书前，就在当地口耳相传。只不过老百姓叫《杀嫂投梁》。这些故事不仅脍炙人口，而且通过地方小曲、说话（评书）等艺术形式流传广泛。巧的是蓟州翠屏山周围的村庄十百户村（今属五百户镇）有潘姓大族。村中祖祖辈辈流传着《水浒传》中的潘巧云就是蓟州本村人的说法，不过村人坚持认为潘巧云并不是水性杨花的人，说那是写书的糟践人。当地一些老人们还能讲出许多动听的故事。

譬如，在翠屏山东面火石沟中有一块巨石，上面有两个极像妇女留下的脚印，人们说那是潘巧云上山时坠坡踩下的。还有，出于忌讳，多少年来人们不许在当地唱《翠屏山》这出戏。据传一次翠屏山东岳天齐庙庙会时，请来的剧团唱起《翠屏山》，呼地一阵大风把戏台给刮倒了，说是犯了忌讳。

民间还有很多零零散散和《水浒传》有关的传说，譬如"裴如海"住的庙宇原址就在四方台；村里有"西"姓，据老乡们说，他们祖上原本姓"西门"，后改成"西"姓。而且附近三里五村，姓"潘、时、祝、扈、西"的都很多。直到现在，五百户镇，女孩起名忌"巧云"。

20世纪80年代末，蓟州学者金振东先生对此有着极深的研究，金先生在撰写《时迁外传》时，曾遍访翠屏山周围的村庄，竟意外发现翠屏山山脚下的五百户镇就有潘姓大族。

在五百户镇收集材料时，一位70多岁的潘姓老人说："《水浒传》里的潘巧云就是我们村的，不过据村中一辈儿又一辈儿老人讲，真实的潘巧云并不是个水性杨花的女子。"之所以施耐庵在《水浒传》里写出两个姓潘的坏女人（潘金莲、潘巧云），在五百户镇也有一个传说："施耐庵曾在潘家客居，那时农民对文人不理解，认为他们都是'游手好闲之辈'，也许由于受到了冷遇和慢怠，施耐庵便因不满埋汰了潘姓"……村人口耳相传的故事，当地风俗与忌讳，甚至戏曲与说唱都把"翠屏山"指向为蓟州的翠屏山，而不是浙江台州的翠屏山，也不是山东沂源的翠屏山，更不是陕西旬邑的翠屏山。

"三打祝家庄"或发生在蓟州

话说杨雄、石秀、时迁，逃离了蓟州地面，连夜疾驰，夜宿晓行，不则一日。这天天色已晚，三个人来到了祝家庄的地面上，找了一家客店住了下来。由于走得很辛苦，肚子饿了，就弄饭吃，这个时迁恶习不改，偷了客店一只鸡做了下酒菜。可是这只鸡是人家店里报晓的鸡，店家不干了，双方从纠纷到打架，在人家地盘上人多势众，根本打不过，结果杨雄、石秀两人逃脱了，时迁却被人家给擒获了。

这个地方很特别，祝家庄与另外两个庄子，一个是扈家庄，一个是李家庄，结成了防御联盟。就是说，这三个庄子不管哪个受到贼人强盗的攻击了，其他两个庄子都有义务出战，同时也说明这三个庄子关系非同一般。且说杨雄、石秀逃离了祝家庄的地面，正在无计可施之机，竟然又碰到一个旧时熟人名唤杜兴。他是李家庄的管家，管杨雄叫恩人。因为杨雄曾有恩于杜兴，遂经杜兴求李庄主搭救，但是祝家庄没有给李庄主面子，还暗箭伤了李庄主。杨雄、石秀百般歉意地离去，就投奔了水泊梁山。后来就是三打祝家庄。那个李庄主扑天雕李应后来也成了梁山好汉，还有扈家庄的一丈青扈三娘等，都成了水泊梁山好汉。这些精彩故事大家再熟悉不过，也就不再一一赘述。

这个祝家庄到底在哪呢？

蓟州杨津庄镇有个小漫河村，村人毫不犹豫地坚持认为该村就是《水浒传》里的祝家庄原型。小漫河村原有八卦迷阵街，房为障、路成盘，村子四围还有小河环绕，河上有八座桥勾连多处盘陀道。村子正中有一座高耸的建筑玄帝阁，站在阁上，登高望远，一览无余。此阁正可作为瞭望哨，而且村附近有扈家庄、李家庄。这和《水浒传》写的地势、格局几乎一般无二。村里的老人还能说出时迁盗图、石秀与宋江里应外合攻打祝家庄的故事……

天津蓟州杨津庄镇小漫河村，素有八卦庄称号，虽然八卦阵的地形在改革开放以后有很大改变，街道重新修整时部分弯道被改直，但外地人进村迷路的现象仍时有发生。

小漫河村有 600 多户人家，街道仅一辆车的宽度，和其他村落最不同的是，它的街道弯弯曲曲，两旁的平房大致相同，走着走着，便是死胡同，八卦阵的格局依稀尚存。

据小漫河村史料记载，小漫河村原为一圆形村落，方圆 500 米，村内街道纵横交错，长短不齐，正斜难辨，易进难出。尤其村内旧有"九桥、七庙、玄帝阁、八卦街",均按八卦阵势排列,颇似传说中的八卦阵。

九桥,小漫河村外有护村河环绕四周,内有一条河流穿村而过,自古就有"进村必过桥"之说。以村中央的大石桥为中心,其东、南、西、北、东南、东北、西南、西北共坐落着八座石桥,合称九桥。

七庙,分别为老爷庙、大五道庙、大菩萨庙、小五道庙、小菩萨庙、文昌庙、马神庙。

所谓八卦街,指村内的九条街道按八卦阵势排列,纵横交错,弯道极多,且多数是90°直角,加上路径狭窄,街道两侧被房屋和围墙遮挡,很难确定方向,行人入内如身在迷宫,极易迷失方向。

岁月流逝,村里原地形已荡然无存,但随着电视剧《水浒传》的播出,来小漫河村参观地形的人络绎不绝。村子是《水浒传》里祝家庄的原型,该村的村民很自豪。

《水浒传》第四十六回到第四十九回,描述宋公明三打祝家庄。祝家庄之所以迟迟打不下来,就是因为祝家庄和西边的李家庄、东边的扈家庄形成了一个作战的利益联盟。如果,假设祝家庄的位置或旧址确定了,书中写到"三庄联防"的扈家庄和李家庄是否也真实存在呢?

"恰恰今天小漫河村东面有个村子叫大扈家庄,还有一个小扈家庄，西面有一个李家庄。小说描述的环境跟小漫河村的历史也基本吻合。"大扈家庄目前已经没有姓扈的了，不过有很多人家姓呼。据蓟州区党史研究室刘春调查推测，呼姓很可能就是扈姓的演变，"当地人可能觉得扈字笔画太多，改成了呼字"。

当地老人也说："我们这以前还有个呼老五，有一身好武艺，把单刀插在肚子上，刀尖冲着肚子，就是扎不进去，那可是硬功夫。"据了解，呼老五20世纪60年代过世，那时已近百岁了。呼老五还有后人，他的重孙依稀记得老太爷92岁的时候还能用一根手指钩住房梁，身体倒挂到房梁上。

总之，当地独特的建筑和世代传说似乎不是无中生有，竟紧紧贴合《水浒传》中的故事情节。

《水浒传》里的蓟州元素

　　关于蓟州，小说《水浒传》里还有一段描写，即第八十五回"宋公明夜渡益津关，吴学究智取文安县"。说的是宋江一伙梁山好汉被招安后，遭朝中奸臣陷害。宿太尉奏表章，由宋江率部征讨辽国，克取檀州，即今天的密云区。又攻取了辽国大营蓟州，在蓟州屯兵休整时的一段插曲。文中表述："次日，与公孙胜在中军闲话，宋江问道：'久闻先生师父罗真人，乃盛世之高士。前番因打高唐州，要破高廉邪法，特地使戴宗、李逵来寻足下，说："尊师罗真人术法，多有灵验。"敢烦贤弟，来日引宋江去法座前焚香参拜，一洗尘俗。未知尊意若何？'公孙胜便道：'贫道亦欲归望老母，参省本师，为见兄长连日屯兵未定，不敢开言。今日正欲要禀仁兄，不想兄长要去。来日清晨，同往参礼本师，贫道就行省视亲母。'次日，宋江暂委军师掌管军马，收拾了名香净果，金珠彩段，将带花荣、戴宗、吕方、郭盛、燕顺、马麟六个头领，宋江与公孙胜共八骑马，带领五千步卒，取路投九宫县二仙山来。宋江等在马上，离了蓟州，来到山峰深处。但见青松满径，凉气飕飕，炎暑全无，端的好座佳丽之山。公孙胜在马上道：'有名唤做呼鱼鼻山。'"宋江看那山时，但见：

四围嵯峨，八面玲珑。

重重晓色映晴霞，沥沥琴声飞瀑布。

溪涧中漱玉飞琼，石壁上堆蓝叠翠。

白云洞口，紫藤高挂绿萝垂；

碧玉峰前，丹桂悬崖青蔓袅。

引子苍猿献果，呼群麋鹿衔花。

千峰竞秀，夜深白鹤听仙经；

万壑争流，风暖幽禽相对语。

地僻红尘飞不到，山深车马几曾来。

现毗邻蓟州的平谷区东北部就有座山叫"渔子山，亦称鱼山"，山上有轩辕台，属名山之列。小说《水浒传》中的"鱼鼻山"是不是渔子山？应该是，一是宋江离开蓟州不远，所以"鱼鼻山"应该就在附近的群山之中，而且也是名山；二是鱼的鼻子不是突出的形象物，山多由形状或掌故取名，所以"鱼鼻山"应该就是"渔子山"即鱼山。

再说"二仙山"。一说蓟州人世代笃信罗真人、清道人，二位在当地的声望很高，认为罗真人就是个现世的活神仙，清道人是罗真人上首徒弟，又天天不离其师左右，故此师徒有"二仙之名"，人们也就把他们修炼居住的地方称作二仙山了。二说现在蓟县下营镇前干涧村甘露山自然风景区内原有大仙、二仙两座山峰，并建有马王庙，于"文革"期间被毁，2003 年重建。三说九山顶景区东部确有此山，小说中的九宫县不排除是九山顶的谐音。

小说《水浒传》第八十四回"宋公明兵打蓟州城，卢俊义大战玉田县"交代州县方位更加具体。在这一回中描述，辽国守将闻知宋朝差宋江全伙到来，一面写表申奏狼主，一面关报近蓟州、霸州、涿州、雄州救应，一面调兵出城迎敌。是说，驻守蓟州的辽国守将听说宋朝派宋江这一伙人悉数攻城，就赶紧地给他们的主子打报告，并且请求附近的霸州、涿州、雄州等地军队前来救援，同时他们也出城迎战。

小说中还讲："大刀关胜，于前部先锋，引军杀近檀州。"大刀关胜是水泊梁山一员大将，檀州即现在的密云区。

接着描述道："有杨雄禀道：'前面便是蓟州相近。此处是个大郡，钱粮极广，米麦丰盈，乃是辽国库藏。打了蓟州，诸处可取。'"杨雄也是水泊梁山一员大将，他的报告就更加明确地说出了蓟州对于辽国的重要性，不仅战略位置非常重要，而且是屯粮之地。

文中又表：耶律大王"说犹未了，只见流星探马报将来，说道：'宋江兵分两路，来打蓟州，一路杀至平峪县，一路杀至玉田县。'"

从过去明代蓟州的辖区看，蓟州领平谷县（今平谷区）和玉田县。从现在的地理方位上看，蓟州夹在平谷县和玉田县之间，而且地界相连，于历史上的行政辖区并无多少变化，只是小说里写的是平峪县，谷字多了个山的偏旁，似乎是写错了字，其实不然，据平谷旧志载："唐废平谷为大王镇，入渔阳县。"辽时仍是大王镇，至金大定二十七年（1187年）升大王镇为平峪县，后复称平谷县。施公写水浒时，此时的地名尚称平峪县，可见施耐庵标注的地理方位及名称实考精准。

另外，第八十五回"宋公明夜渡益津关，吴学究智取文安县"中说的益津关即今天河北省的霸州。据《霸州志》载，益津关乃唐朝所建，五代时石敬瑭割燕云十六州赂契丹，其中就包括益津关，并且归属辽统辖了22年。益津关也叫"草桥关"，而且与之相连的还有"瓦桥关""淤口关"，合称"三关"。都是宋辽对峙的关口，现益津关故址在今河北省霸州市，瓦桥关在今河北的雄县，淤口关在今河北省霸州市东信安镇。直到八十七回，交代宋江征辽，一路在河北一带，打檀州（密云）、攻克蓟州，继而又取得霸州、幽州大捷……这些地点及山川描写把河北一带写的如同现时一般。

　　以上似乎把蓟州一带的地名以及疆土界边描述得几乎不差毫厘。如果翻看宋史或"燕云十六州"的地图，宋辽对峙就在蓟州、霸州、涿州、雄州一带，尤其宋徽宗宣和年间（1119—1125年），宋金联合夹击灭辽。施耐庵书中所描绘的基本上就是一部史实再现。直到现在，蓟州区内尚有古建、古碑、古塔等大批契丹文化遗存。由此可以推断，《水浒传》中的蓟州城无疑就是我们现在的天津蓟州。

《水浒传》中的北京大名府是今天的北京吗

　　《水浒传》中多次提到北京大名府，究竟是不是现在的首都北京呢？还是北京也有一座大名府？其实都不是。《水浒传》中多次提到的北京大名府，说的是今河北省邯郸市大名县，原址在今大名县东南部。可能有人会有疑问，河北大名府在历史上有那么重要吗？其地位也能称其"京"么？

　　读过《水浒传》的人都知道，小说的时代背景是在北宋年间，当时北宋的首都是东京汴梁，又称开封府、汴州。但《水浒传》的字里行间同时还透露出一个重要信息，那就是除了东京汴梁之外，北宋另外还有三座都城，即出现了南京、西京、北京三座冠以"京"字头的城市。如《水浒传》原著第三回中，金翠莲向鲁达鲁智深哭诉道："奴家是东京人氏。……（来这）投奔亲眷，不想搬移南京去了。"这里就出现了"东京""南京"的地名。《水浒传》原著第十二回中，杨志刺配大名府，"原来北京大名府留守司，上马管军，下马管民"。梁中书的地位高过了大名府府尹，可见"北京"地位的重要性和特殊性。再如《水浒传》原著第一百零五回中，王庆占据八座军州，分别是南丰、荆南、山南、云安、安德、东川、宛州、西京，这里又出现了"西京"的地名。

那么，这南京、北京、西京和东京是什么关系？它们也是北宋的京都吗？翻开《宋史·地理志·卷一》，卷首就有"而凡四京之城阙宫室"的字样。这就说明，北宋当时确有四座都城，每个都城都建有宫室。而且，《宋史·地理志·卷一》中还详细介绍了北宋四座都城的位置和规模。具体讲，北宋四京是指东京开封府、西京河南府、南京应天府和北京大名府。由此可见，《水浒传》中关于四京的说法是遵循了一定的历史史料的。

纵观历史脉络，北京大名府的设立说起来还和石敬瑭送给契丹人的幽云十六州有着直接的干系。大家打开地图就能知道，华北平原基本上是一马平川，而幽云十六州却因燕山和太行山脉的阻隔，形成了保护中原腹地的天然屏障。幽云十六州这道屏障被辽国把持了，就等于把中原赤裸裸地暴露在契丹人的铁蹄之下，北宋百余年间可以说一直都被来自北方的武力威胁着，甚至"澶渊之盟"，也是被萧太后打到家门口，不得已才采取的破财免灾的绥靖政策。

到了宋仁宗的时候，辽国又在幽云一带集结重兵并向澶州打来，这一举动使得宋廷官员十分慌乱。有人主张迁都，有人建议接着和谈，不行再多送点钱帛……这时候丞相吕夷简站出来了，吕夷简尽管在历史上评价不高，但在关键时刻还是挺身而出。他说："使契丹得渡过河，虽高城深池，何可恃耶？我闻契丹畏强侮怯，遽城洛阳，亡以示威。""宜建都大名，示将亲征，以伐其谋。"大至意思是契丹人如果过了黄河，哪怕城高池深，也不足以作为屏障了，契丹人欺软怕硬，咱们匆匆忙忙往洛阳跑，正好是示弱表现。应该建都大名，以表皇帝亲征的决心，彰显绝不退让的意志。

吕夷简的意见得到采纳，皇帝准奏，于是大名府迎来了历史上地位最高、作用最大的一次机遇，被升擢为都城，因在汴京以北，故定名"北京"。

于是大名府开始了大规模的基础建设，修外郭、建宫城，城市空间骤然扩大，加设官员，促进人口繁育，城市人口结构变化，数量上升，一座大城市应运而生，并以此守卫黄河以北，扼守南渡黄河的通道。据《宋史·地理志·卷一》记载："庆历二年，建大名府为北京。"这就是北京大名府的来由和历史渊源。也正是这个原因，宋代开创了大名府的鼎盛时期。河北路、河北东路治所及安抚使均设驻于此，且管辖三府、十一州、五个军。

在《水浒传》里，北京大名府总被提及，是许多故事、情节发生的重要场所，提及大名府的人或事就有十几回，"一部《水浒》传天下，世人皆知大名府"。

第六十一回"吴用智赚玉麒麟，张顺夜闹金沙渡"中，是这样描绘大名府的：

端的好个北京！但见：

城高地险，堑阔濠深。

一周回鹿角交加，四下里排叉密布。

敌楼雄壮，缤纷杂彩旗幡；

堞道坦平，簇摆刀枪剑戟。

钱粮浩大，人物繁华。

千百处舞榭歌台，数万座琳宫梵宇。

东西院内，笙箫鼓乐喧天；

南北店中，行货钱财满地。

公子跨金鞍骏马，佳人乘翠盖珠骈。

千员猛将统层城，百万黎民居上国。

这些描写非常符合史料记载宋时大名府的战略地位和繁华面貌。其中，梁山好汉玉麒麟卢俊义、浪子燕青、青面兽杨志、大刀关胜及铁臂膊蔡福、一枝花蔡庆、石将军石勇等人更是与大名府有着各种各样的牵扯，加之索超、闻达、李成、陆斌、俞大江等猛将也据此镇守，应了大名关隘重镇之说。

今天的北京在《水浒传》中是哪里

幽州、燕京、"南京析津府"均指今北京。

《水浒传》从第八十三回"宋公明奉诏征大辽，陈桥驿滴泪斩小卒"开始，直到第八十七回"宋公明大战幽州，呼延灼力擒番将"，书中反复出现幽州、燕京、檀州、平峪县、密云县和昌平县等地。施耐庵书中的这些地方是现今的北京吗？

翻阅史料，我们就可知道，五代时，幽州被后晋石敬瑭"打包"割让给了契丹。后来契丹改国号为辽。辽太宗为加强地域统领，下诏改"幽州"为"幽都府"，治所就在今北京西南的广安门一带。继而将其升格为陪都，定为"南京"，成为辽五京之一。再后来，辽把"幽都府"改称"析津府"。"辽五京"即上京临潢府（临潢府位于今内蒙古自治区赤峰市巴林左旗林东镇南郊，辽代称为上京，是契丹建国初期在本土兴建的第一座京城，辽国早期政治、经济、军事和文化中心）、中京大定府、东京辽阳府、南京析津府和西京大同府。

现今的北京，还因幽州古称"燕"，所以也被称为"燕京析津府"或"燕京"，幽云十六州也被称为燕云十六州。所以，幽州、燕京指的就是今天的北京及附近。

现北京及附近一带，历史上相继使用过许多名字，如蓟、燕、广阳、幽州、范阳、幽都、析津、蓟北、南京、燕京、燕山、永安、大兴、大都、北平、顺天、宛平，直至今天的北京。

从这些名字的更迭中，我们不仅可以追溯古都北京源远流长的历史脉络，在读《水浒传》时也能领略书中的北京故事……

"澶渊之战"是《水浒传》里征讨大辽故事的背景蓝本

在真实的历史中，宋太宗赵光义在位时，为夺回燕云十六州，曾经两次进攻契丹，但是均以失败告终，被迫转攻为守。宋真宗赵恒继位以后，为了加强对北方契丹的防御，在两国交界的边界加强防守，集重兵于定州（今河北定州），在唐河布防，在后方屯兵于天雄军（今河北大名东北）。企图依托黄河天险，保护都城东京汴梁。北宋军还在河北边地增辟方田，疏浚沟渠，修缮城寨，以限制契丹骑兵的奔驰突袭。

宋景德元年（1004 年），契丹开始大举南侵。八月，先以骑兵小部队深入宋祁州、深州（今河北安国、深州南）一带，侦察宋军的军事部署、防御设置。继而，辽国的皇上辽圣宗耶律隆绪，及其母承天太后萧绰来到南京（即今北京）开始谋划南侵战争。承天太后萧绰，就是我们熟知的萧太后。

九月中旬，萧太后、辽圣宗统领契丹大军向南进犯。分兵攻击徐水、高阳、完县、保定一线。面对契丹军大举进攻，宰相寇准力主皇上宋真宗御驾亲征，以鼓舞士气。宋真宗采纳寇准的意见，调兵遣将加强邢台、永年、清河、冀州防御。

十月初，辽军南下祁州、深州，萧太后率主力围攻瀛州（今河北河间），亲自击鼓督战，遭遇宋军顽强抗击，战斗进行十数日，辽军不能攻克，并且伤亡惨重，萧太后只好命令撤军。随后宋军各部加强防御。

十一月，宋真宗决定亲赴前线，赴澶州督战。契丹军进攻天雄军（大名），攻城不克。十一月二十二日，辽军大将萧挞凛察看澶州地形时，被宋军伏弩射死，辽军士气大挫。十一月二十六日，宋真宗渡河抵达澶州，宋军军心大振。辽兵多次进攻均被宋军击溃。辽军攻定州，又被宋军击败。辽军屡战屡败，已成孤军之势，危在旦夕，于是萧太后率军移师阳城淀（今河北保定市望都东南），并致书宋真宗，试探媾和。

明明是辽国大军武装侵略大宋朝，明明是辽军南侵受挫、屡战屡败、已然危在旦夕，明明是辽国打不下去了，想要和谈停战。但是萧太后提出议和的条件却是要宋朝割地赔款，萧太后利用宋真宗怯战的弱点，胁迫其归还大周国（后周）从契丹手中收回的关南十县地，作为撤军条件。宋真宗拒绝割地，但又惧怕契丹军突破黄河，危及东京，答应每年给契丹银 10 万两、绢 20 万匹。十二月初七，达成协议，旋互换国书。史称"澶渊之盟"。

《水浒传》从八十三回宋公明奉诏破大辽开始，到八十四回兵打蓟州城，大战玉田县，再到八十五回夜渡益津关，智取文安县，最后八十九回攻克幽州，围攻燕京。辽国郎主慌乱，急切要同宋求和。书表："宋江传令，教就燕京城外，团团竖起云梯炮石，扎下寨栅，准备打城。辽国郎主心慌，会集群臣商议，都道：'事在危急，莫若归降大宋，此为上计。'辽主遂从众议。于是城上早竖起降旗，差人来宋营求告：'年年进牛马，岁岁献珠珍，再不敢侵犯中国。'宋江引着来人直到后营，拜见赵枢密，通说投降一节。赵枢密听了道：'此乃国家大事，须用取自上裁，我未敢擅便主张。你辽国有心投降，可差得当大臣，亲赴东京朝见天子。圣旨准你辽国皈降表文，降诏赦罪，方敢退兵罢战。'"最终经过大宋君臣合议，拟旨诏曰：

大宋皇帝制曰：三王立位，五帝禅宗。无君子莫治野人，无野人莫养君子。虽中华而有主，焉夷狄岂无君！兹尔辽国，不遵天命，数犯疆封，理合一鼓而灭。朕今览其情词，怜其哀切，悯汝茕孤，不忍加诛，仍存其国。诏书至日，即将军前所擒之将，尽数释放还国。原夺一应城池，仍旧给还辽国管领。所供岁币，慎勿怠怠。於戏！敬事大国，祗畏天地，此藩翰之职也。欠其钦哉！故兹诏示，想宜知悉。

宣和四年冬月日。

对照史料，《水浒传》描写的背景、场景与史实几乎一致。虽事件由宋真宗移植到了宋徽宗时期，有些地名、山名、关名亦不十分准确，甚至地理上还有些"错位"，毕竟，《水浒传》是一部文学作品，是一部小说。但是，《水浒传》作为文学作品，其文学创作并未"失准"。

再有《水浒传》第八十九回，宋公明破阵成功，宿太尉颁恩降诏中，书表宋江征辽取得成功后，随即唤令随军石匠，采石为碑，令萧让作文，以记其事。金大坚镌石已毕，竖立在永清县东一十五里茅山之下，至今古迹尚存。有诗为证：

每闻胡马度阴山，恨杀澶渊纵虏还。
谁造茅山功迹记，寇公泉下亦开颜。

这些战争，是燕山文化的重要内容。

施耐庵以宋江令萧让作诗的口吻，引用了唐朝诗人王昌龄的《出塞》的气势：

秦时明月汉时关，万里长征人未还，

但使龙城飞将在，不教胡马度阴山。

以此诗的气势，道出了此次胜利就是当初寇准力主抗战的结果，实则也是作者交代了《水浒传》征辽的情节就是澶渊之战的背景。而这个真实的澶渊之战，主战场就在京津冀一带。

历史上，对"澶渊之盟"评价不一，且争论至今。

从积极方面来看：

"澶渊之盟"带来了相对和平的局面，结束了宋辽之间长期的战争状态，此后宋辽之间百余年不再有大规模的战事，为两国人民创造了相对稳定的生活环境，有利于社会经济的发展和文化交流。

促进了经济交流。双方在边境设置榷场，开展互市贸易，推动了边境地区的经济繁荣。北宋的制瓷和印刷技术传往辽，而辽国的一些物品也传入北宋。

节省了军费开支。宋朝每年给予辽国的岁币，相较于长期战争的军费开支要少得多。有观点认为岁币通过边境贸易，部分又回流到北宋，且其占宋朝年收入的比例较小。

对于"澶渊之盟"也存在一些负面的看法：

被一些人视之为"城下之盟"。认为北宋在军事上本有一定优势的情况下，没有坚持继续作战，而是选择通过和约向辽国提供岁币，有损国家尊严。

未能彻底解决边患问题。虽然宋辽之间大规模战事减少，但辽国的威胁仍然存在，宋朝仍需时刻保持警惕。

一定程度上影响了宋朝的军事发展。和约的签订可能使宋朝在军事上产生一定的懈怠，对军事力量的建设和发展不够重视。

总体而言，澶渊之盟在当时的历史背景下，既有积极的影响，也有一些局限性。它使得宋辽双方在一定时期内保持了相对的和平与稳定，促进了经济和文化的交流，但也暴露出宋朝在军事和外交方面的一些问题。

不管人们对"澶渊之盟"作如何评价，不能否认的是其历史背景、政治局势、经济利益，都深刻地影响着燕赵文化。

本章的参考著作：

1. 傅惜华：《元代杂剧全目》，北京：作家出版社，1957。

2. 游国恩，王起，萧涤非，费振刚：《中国文学史》，北京：人民文学出版社，1964。

3. 施耐庵，罗贯中：《水浒传》，北京：人民文学出版社，1975。

4. 施耐庵，罗贯中：《水浒传》，西安：三秦出版社，1992。

5. 金振东，李纯琳，杨郎元，王国常，刘春：《蓟县风物揽胜》，天津：天津古籍出版社，1988。

6. 金振东：《时迁外传》，天津：百花文艺出版社，1988。

7. 金振东：《盘山志异》，天津：天津人民出版社，1992。

8. 孙爱霞：《三津谈往 2015》，天津：天津社会科学院出版社，2016。

《红楼梦》篇

恩怨是非

刘姥姥　　　　　　插图 李伟

《红楼梦》与水西庄的渊源

水西庄主的爱情故事

水西庄在天津历史上是一座非常有名且重要的园林，尽管今天已经消失得无影无踪，但它的存在已经载入史册。这座园林的主人究竟是什么样的人呢？在他身上发生过怎样的故事，哪些又成为《红楼梦》创作的素材呢？

先说查为仁。

"三生石上盟犹在"引出一段荡气回肠的爱情悲剧，这就是查为仁和金至元相爱至死的故事。

在清代，天津水西庄、扬州马曰琯的"小玲珑山馆"、杭州赵昱的"小山堂"、吴焯的"瓶花斋"，被文学家袁枚誉为当时四大书史收藏之家、文人雅集之所。

水西庄，由津门大盐商查日乾、查为仁父子创建于清康熙末年。雍正年间又陆续被建成一片规模宏大的园林建筑，其地理位置位于天津城西南运河畔。南运河是京杭大运河其中一段，是南北交通要冲。

津门查家是大盐商，有钱有闲，但是没有功名，至少三代之内没考取功名。在封建社会，有钱不一定有地位。俗话说，万般皆下品，惟有读书高。就算你再有钱，没有功名在社会上也会被人轻视，商人没地位也是如此。所以，当商人足够有钱的时候，他们都会非常重视教育，让子女从小苦读寒窗，参加科举考试，考取功名，才能提升家族地位。查家也不例外。

查日乾经商取得成功以后，就着力培养他的儿子们，尤其是长子查为仁。

查为仁（1694—1749 年），查日乾长子，又名成甦，字心谷，号莲塘，又号莲坡、花海翁、花影庵主人、澹宜居士，康熙五十年（1711 年）辛卯科解元，一生未仕，著有《莲塘未定稿》《莲坡诗话》《绝妙好词笺》等。

我们会发现，查为仁"康熙五十年（1711 年）辛卯科解元，一生未仕"。考了个"解元"，却一生未仕，这是怎么回事。

话说康熙五十年，这年查为仁刚满 18 岁，血气方刚，踌躇满怀，仪表堂堂，连着迎来两件天大的喜事，掩饰不住内心的喜悦。

第一件喜事就是这年秋天参加顺天乡试，获得第一名的好成绩，中了解元。第二件喜事是秋末时节，与自己的"青梅竹马"

恋人金至元订婚。金至元那一年芳龄 16 岁，是远近闻名的美人才女，知书达理，端庄稳重，尤其是写的诗词非常优美，有着女诗人独特的眼光、意境，但是轻易不肯示人。年轻的查为仁却得到了几首金至元的诗，极为喜爱，经常吟诵。查家与金家世代交好，金家是书香门第，能够与一个大盐商通婚，也是下了很大的决心。

但是天有不测风云，就在查为仁顺天乡试获得第一名的时候，出大事了。

查为仁中举，这本是一件令人高兴的事情，可古话说，福兮祸所伏，祸兮福所倚。这一天，金至元正在闺房一边看书一边憧憬着未来，忽然丫鬟进来说道："小姐，老爷请你马上去书房。"金至元心头一惊，似乎隐隐约约的感觉将要发生什么大事情。

金至元连忙前去书房，却见老爷、太太，还有舅舅都坐在那里，面色严肃。金至元向大家见礼后在一旁落座，老爷挥手令丫鬟出去，低声对金至元说道："女儿啊，刚才得到一个消息，你听了不要着急。是查为仁的事，有人告发他科考时夹带作弊，上面已经立案将他带走了，连他的父亲也带走了……"

金至元一听此言如同晴天霹雳，舅舅接着说道："这种科考案只要落实了，判处是极其严厉的，甚至可能……"舅舅说不下去了，父母担心地说："凶多吉少，看来你们的婚事难以进行，好在只是订婚，我们想还是准备退婚吧！"

金至元定了定神，思索了一会儿，声音不大却异常坚决："婚姻乃人生大事，我们不能在人家遇难时落井下石啊！"

接下来金至元听到的消息一个比一个可怕。终于她知道了查为仁和他父亲被判流放，多少年呢？不知道，可能是无期限，只有遇到皇帝大赦才有可能出狱。目前在三河县（今三河市）北石渠一所监狱中服刑，这个地方叫"北寺"，又叫"西庙"。

这太可怕了，一个少女，怎么能够拿自己的青春赌博呢？这很可能会赔上一生啊！父母和舅舅轮番苦劝。但是金至元决心已定，在家苦守。这一等就是9年。9年，对于一个花季少女意味着什么？何况她当时并不知道要等待多久，如果没有皇帝大赦，就是无期流放啊。年轻的金至元无怨无悔，在这漫长地等待之中，她每日以诗为伴，作了大量凄婉的诗篇。比如在一个风雨飘摇的夜晚，曾作《雨中感怀》，诗曰：

门外凉飙猎雨声，凄凄撼撼梦难成。
遥思北寺青灯里，此夕何堪泪独倾。

这首《雨中感怀》表达了年轻少女对罹难中的爱人真切的思念：在一个风雨交加的秋夜里，门外刮着秋风带来了阵阵寒意，淅淅沥沥的雨声中自己无法入睡，遥想远方的爱人正在狱中，他此时此刻在干什么呢？他也在面对一盏孤灯独自垂泪……

金至元的青春在苦苦等待中逐渐消逝，自己的闺蜜一个个结婚生子，自己的贴身侍女也无奈离开了她，她在等待中逐渐憔悴，可怕的病魔在侵袭着她。

而年轻的查为仁被捕后从天上掉下深渊，身心俱损。在远离家乡和亲人的监狱中服刑，对金至元的来信含泪念读，他深知对不住她，于是在一首诗中表现了这种真挚的情感，这首诗就叫《织女怀牛郎》，诗曰：

漫说双星好别离，年年还有鹊桥期。
人间一奏孤飞曲，地老天荒无会时！

另有一首《七夕雨》，诗曰：

久向鹚鹩借一枝，年年此夕不胜思。
可怜湿尽蜘蛛网，枉却人间乞巧丝。

这些发自肺腑的诗句是查为仁的真情写照，在狱中痛苦的3000多个日日夜夜，金至元矢志不渝的爱是查为仁的重要精神支柱！

美人自古如名将，不许人间见白头

康熙五十七年（1718 年）秋冬之际，查日乾妻马氏以捐银 2 万两为夫赎罪，康熙皇帝特赦。查日乾父子由此遇赦，父亲先行出狱。

康熙五十九年（1720 年）查为仁正式"蒙恩矜释"，"放废以后，万事颓落"，后来居住在天津水西庄，蓄积书史，广交南北文人。

在亲人团聚的喜悦时刻却又传来一个不好的消息。原来在漫长的 9 年等待中，金至元身心受到极大的损害，患上不治之症，已经弱不禁风、病入膏肓。这时她与查为仁的婚姻又受到新的考验，查为仁是长子，这时已经 27 岁了，需要传宗接代，如果娶了这么一位极度病弱的女子作为原配，她怎么生育子女？怎么相夫教子？怎么主持家务？这对一个家财豪富的大家族来说，可是一个重大的问题。

在这个严峻考验面前，金至元思虑万千，夜不能寐。她好想知道查为仁自己的态度，于是她勇敢地从城里来到水西庄，这时水西庄正在修建之中，而查为仁出狱后就在这里建的"花影庵"中居住。金至元这一行动在当时是完全不合礼法的，一个未婚女子私自会见未婚夫，成何体统？查为仁与金至元 9 年后重新相见，感慨万分，千言万语竟不知从何说起！查为仁"万念俱灰"的想法一扫而空，决心要从头再来，感谢金至元的 9 年等待，感谢金至元忠于他们的海誓山盟无怨无悔。查为仁面对憔悴的金至元说道："你放心！"查为仁决定不管怎样，马上就举行隆重的婚礼！

结婚以后，查为仁夫妻生活恩爱，相敬如宾，为抚平对方心灵的创伤，金至元又作诗《夜话和莲坡主人韵》进行安慰，诗曰：

人生大抵游仙枕，已出邯郸君莫疑。

世事浮云无定著，流光劫火漫寻思。

试香午院宜煎茗，斗墨晴窗好赋诗。

终卧牛衣吾不悔，只凭清课惬心期。

查为仁、金至元夫妇的唱和诗作后来被查为仁编入了《松陵集》。另外，《金氏家集》卷五中也收有查孺人金氏诗作 25 首。可惜的是红颜薄命，婚后仅仅 9 个月，金至元便香消玉殒了。查为仁悲痛欲绝，在《莲坡诗话》中有文谓："辛丑仲春，余遭炊臼之痛，同人和悼亡诗甚多。佟庶村姬人赵艳雪七绝更佳，其结句云：'美人自古如名将，不许人间见白头。'"

查为仁与金至元的爱情悲剧，成为当时在水西庄避难的曹雪芹创作贾宝玉、林黛玉爱情故事的来源之一。其时金至元已去世，查为仁为金至元编辑《芸书阁剩稿》时，曹雪芹在水西庄听到、看到了这个凄美动人的爱情故事。《芸书阁剩稿》编辑成书后，查为仁专门请陈鹏年、赵执信写序，陈鹏年、赵执信与曹雪芹关系极为密切，他们分别为金至元写了小传和序言。

正是在这种情况下，查为仁和金至元"三生还愿"的故事，在隐姓埋名的曹雪芹脑海里，留下刻骨铭心的记忆。《红楼梦》所描写的神瑛侍者、绛珠仙子于三生石畔还愿的神话，象征贾宝玉、林黛玉"木石前盟"忠贞不渝的爱情故事，与水西庄主人曲折凄苦的爱情是有渊源的。

大观园的原型居然在天津

　　无论多么精彩的小说情节、多么曲折的故事桥段，人们记住的往往都是其细节。《红楼梦》里其他情节桥段，读者也许未必记住多少，但是"刘姥姥进大观园"这样的桥段却被人们深深地记住了。所以提到大观园，就必然会想到刘姥姥；见到类似刘姥姥进大观园的桥段，就会联想到大观园。

　　刘姥姥是一位来自乡下的贫苦老妇人，她因生活所迫到贾府攀亲求助。她进入大观园后，被园中的奢华景象和各种新奇事物震撼。她的言行举止充满了质朴和天真，与贾府的奢华和精致形成了鲜明对比。

　　这一情节通过刘姥姥的视角展现了贾府的富贵气象和复杂的人际关系，同时也通过她的幽默、质朴给故事增添了许多欢乐和诙谐的元素。刘姥姥的形象具有多面性。她既是一个喜剧角色，给读者带来许多笑料，又在一定程度上反映了社会底层人民的生活状态和人性的善良。这一情节也成为文学史上的经典场景，被广泛传颂和演绎。

那么，大观园到底是什么样的呢？由于它存在于小说里，我们无从考证，但是我们可以合理想象它的原型。

曹雪芹以其瑰丽的文学语言塑造出中国古典园林的优秀形象——大观园，是《红楼梦》中人物活动的艺术舞台，也是一个世外桃源。《红楼梦》中大观园的原型在哪儿？这是很多喜欢这部名著的人共同的疑问。

大观园，在《红楼梦》的描述中，是贾府为元春省亲而修建的，元春题其园之总名曰"大观园"，正殿匾额云"顾恩思义"。元春省亲后，命宝玉和诸钗入园居住。它不仅是红楼人物活动的舞台，也是现实主义作家曹雪芹总结当时江南园林和帝王苑囿创作出来的园林艺术瑰宝，大观园的园林设计对后世的园林建造产生了深远影响。

大观园有什么特点呢？

一是规模大，它是一座"三里半大"的私家园林；

二是以水域取胜的北国江南著称；

三是"独立单元"的结构；

四是与皇室巡幸等活动有关联；

五是这座私家园林必须是曹雪琴熟悉和体验过的。

这些都与天津的一个地方有关——水西庄。难道"大观园"的主要原型就在津门吗？

水西庄是天津南运河畔一座占地百亩的私家园林。它建于清雍正元年（1723 年），扩建兴盛于乾隆年间，主人是天津盐商查日乾、查为仁父子。曹家与查家都曾显赫一时且交往甚密，雍正五年（1727 年）曹家被抄，年幼的曹雪芹随家人赴京。由于当时吉凶难测，便将曹雪芹托付给水西庄的查家。

《红楼梦》创作于水西庄兴盛之时，其地处大运河畔，是南方各省进京的必经之地，这样的地理位置，也对作者创作产生了客观影响。

那么，为什么说水西庄是大观园的重要原型呢？

第一，有"泄露天机"的藕香榭。

天津水西庄有一胜景叫藕香榭。而《红楼梦》大观园中恰好也有一个藕香榭。著名红学家周汝昌先生在 1986 年曾提出"藕香名榭在津门"的课题。

水西庄中的藕香榭在园中占重要地位，它四面环水，菱藕香深。与藕香榭联系紧密的是另一胜景叫枕溪廊。枕溪廊建于水面之上，曲曲折折，是很有特色的景点。《红楼梦》第三十八回，写众少女组织写菊花诗，地点就选在藕香榭，并引出贾母的一段美好回忆："少女时代，娘家也有相似的一个池榭，叫枕霞阁，于是史湘云取号'枕霞旧友'。"而贾母念念不忘的枕霞阁，恰是水西庄中枕溪廊之谐音，"枕溪"稍一拉长声即成"枕霞"。

从时间上讲，水西庄建于雍正元年（1735年），水西庄在先，曹雪芹写《红楼梦》约从乾隆九年（1744年）开始，故而大观园在后；从艺术上讲，水西庄为实，大观园为虚。可以说，水西庄不可能抄袭大观园景名，而大观园的景名"藕香榭"却应来源于现实，即水西庄。

另一个重要旁证就是"红菱"。《天津府志》记载，红菱原产江南，引种到水西庄。《红楼梦》第三十七回贾宝玉送礼物给史湘云："红菱、鸡头，这是今年咱们园子里新结的果子。"大观园里的红菱与水西庄中的红菱同属一物，加上"枕霞"的回忆，是不是作者在暗示藕香榭的来历？

第二，大观园轩馆名称与水西庄相似。

要确定水西庄中藕香榭确与大观园中藕香榭有关，还要看看其他轩馆的名称，有没有相应的关联。

经过考证，大观园轩馆的名称有13个与水西庄景点名称相同或相似，这点在其他私家园林是绝对没有出现过的。

水西庄有秋白斋，大观园中有秋爽斋，而"白"与"爽"是同义词，即明亮、清朗之义，秋白就是秋爽之意。

水西庄有于斯堂，大观园有榆荫堂，二者较相似。

水西庄有景点"一犁春雨"，而在元妃省亲中命名的四字匾额，头一个是"梨花春雨"，从字面上和含义上是很相似的。

至于脂批"轩名可思！"是批在《红楼梦》第十三回一个叫作逗蜂轩的位置上。水西庄恰好有一景点名叫来蝶亭。"逗蜂"与"来蝶"互为对仗。"招蜂引蝶"是常用的成语。

以下是水西庄与大观园轩馆名称对照：

	水西庄	大观园	关联性	场景
1	藕香榭	藕香榭	相同	完全借用
2	枕溪廊	枕霞阁	谐音	贾母回忆
3	秋白斋	秋爽斋	同义	探春居住
4	湘中阁	潇湘馆	同义	见《莲坡诗话》
5	数帆台	西帆楼	缩写	后改"天香楼"
6	秋雪庵	芦雪庵	近义	见《樊谢山房集》
7	来蝶亭	逗蜂轩	对仗	脂批"轩名可思"
8	红板桥	朱栏板桥	同义	大观园一景点
9	一犁春雨	梨花春雨	替字	元妃题匾
10	于斯堂	榆荫堂	相似	平儿过生日
11	萱蘇径	荇叶渚	对账	大观园一景点
12	静芳阁	含芳阁	近义	大儿媳妇的居室
13	染香斋	暖香坞、稻香村、梨香院	近义	大观园景点

第三，"广可百亩"与"三里半大"。

大观园的占地面积与水西庄相似。据《红楼梦》记载，大观园有"三里半大"，相当于100多亩，而当时清朝私家园林超过百亩的极其罕见，即使是在北京显赫一时的王府，有20多亩已经比较可观了。江南私家园林更以小巧精致见称。像京城著名的恭王府，前面是占地 40 亩的宅第，后面是占地不足 40 亩的私家花园。南京的"随园"面积规模更无法与"三里半"的大观园相比了。

但是南运河畔水西庄面积恰恰是 100 多亩。

第四，以水取胜的"北国江南"。

大观园中的广阔水面，使许多红学家疑惑不解。书中明确交代，大观园是宁荣二府的后花园，那么园中水从何而来？"引客行来，至一大桥前，见水如晶帘一般奔入，原来这桥便是通外河之闸，引泉而入者"。贾宝玉指出此乃沁芳泉之正源，就名"沁芳闸"。这段作者"追踪蹑迹"的描述，使大观园的广阔水面有了"源泉"——外河。

根据研究可知大观园在理水方面十分讲究，一是园中水面广阔，"衔山抱水"的大观园中，有池塘、清溪、内河、引泉，有堤，有岸，有港湾，这样的"以水取胜"的私家园林，实在难寻。二是活水潺潺，有"外河"水源，有进水之闸，完全可以满足园中各处水景的需要。三是依水建筑多，水面活动多，这是典型的江南建筑风格，北方少见。藕香榭、滴翠亭、芦雪庵、凹晶馆、紫菱洲……故事中的主人公基本上都登过采莲船，菊花诗、凹晶馆联诗、芦雪庵即景诗等都在池边吟成。

大观园的原型，必须是有足够水面的私家园林，而仅这点在北京城内寻找就很困难。据史料记载，康熙年间曾颁布"非御赐，

不准引用什刹海水"的禁则。禁令一下，内城的府邸花园断绝了水源。雍正年间和乾隆初期，禁令照行，一直到乾隆中晚期，才有所松动。所以在曹雪芹写书的年代，即便是王府花园，水源也很受限制，绝不会从"外河"引进晶帘一般奔入的活水。在南京城的随园，水域面积也很有限，根本无法与大观园相比较。

"广可百亩强"的水西庄，却恰恰能满足这些条件。水西庄一直以水取胜，誉满江南江北。诗人学者来此，无不对此感慨万分，留下的诗篇，许多写下了水西庄池塘、溪流的景象。水西庄"二分修竹三分水"，表明园内水域的面积颇为广阔，可以乘舟游赏，园中池塘名叫琵琶池，依水建筑很多：藕香榭、枕溪廊、数帆台、苔花馆、泊月舫……与大观园相同的是，我们很容易找到水西庄的"外河"水源——卫河（南运河）。水西庄即在卫河之畔，从"外河"利用桥闸，引来晶帘般的运河水。

第五，集景式的独立单元集群。

认真分析一下，"天上人间诸景备"的大观园，内部建筑布局实在古怪奇特，不合情理，它既是一个观赏园林，又是少男少女的单身宿舍集群。因此有红学家指出，如果现实中确有大观园的话，那它只能是古今园林中一个仅有的特例。清代北京诸多王府中，住人宅院与后花园泾渭分明，绝不混淆。像恭王府，前面40余亩宅地住人，后面30多亩花园，是散心游赏之处。江南也没有大观园类布局的园林，园子一般都不大，以玲珑剔透见称。

天津运河边的水西庄，却正好是集景式的单身宿舍型园林。水西庄占地"百亩强"，又称"水西别墅"，其基本建筑特点就是分成数十个景点，每个景点正是一位小姐或一位公子在此居住生活，有时外来的贵客嘉宾，也在其中一个景点居住。有趣的是，大观园中众少女以所居景点名称取号，林黛玉称"潇湘妃子"、薛宝钗称"蘅芜君"。这种以居处取号的做法，在水西庄女诗人中也早就存在。《兰闺清韵》是水西庄诸女诗人留下的诗词集，其中有《水西庄诸姑送香初阁主人于归吴门小诗呈政》一诗，其中"香初阁主人"即查调凤，乃查为仁之第二女。

至于水西庄的"集景"特点，也是非常突出的。园林的总体设计、分景区的风格、理水方法以及花草树木的种植风格都极为讲究。"月明获笛台"和"泊月舫"是专为赏月而设。陈元龙的《水西庄记》，介绍了私家名园水西庄的集景特征。

清代著名画家朱岷的《秋庄夜雨读书图》和田雪峰的《水西庄修禊图》都充分反映水西庄是集景式园林。此外，拥有广阔的水面、江南特产"红菱"和大片的竹林、梧桐、芭蕉、梅花都是水西庄与大观园的共同特点。现实中的私家园林水西庄，被艺术地升华为名著《红楼梦》中的园林——大观园。

第六，"白雪红梅"在水西。

　　"白雪红梅"是《红楼梦》中极美的一个场景，第四十九回就叫作"琉璃世界白雪红梅"。由于大观园是《红楼梦》故事发生的主要场所，故确定大观园是在南还是在北，就成了重要问题。红学家均注意到了大观园中的梅花，"白雪红梅"成为争论要点，有人说"白雪红梅辨南北"。

　　红学家俞平伯是主南派，认为北京没有成林的红梅，更没有"白雪红梅"的美景。曹雪芹曾说，故事描述"追踪蹑迹"。因此主北派必须找到"白雪红梅"的论据。

　　水西庄宾客汪沆写有《雪中集澹宜书屋作》："压帘雪意浓于酒，绕屋梅花瘦似人。"诗载《沽上题襟集》，诗前记载："乾隆四年自江淮间得老梅三十余株，悉位置于水西庄。"红学家周汝昌得知，写道："水西庄冬日'白雪红梅'，乃是汪沆先生给我们做了历史实况见证人。他住在水西庄所亲眼目见的，有雪天中的绕屋红梅。梅花既然'绕屋'，则分明是屋外生长的梅花树，而不是盆栽的梅花盆景。这一例证，完全反驳了从前把《红楼梦》中的景物都说成是南方的那种误解。'白雪红梅'乃是实景，而非用典，亦非虚拟。这些珍贵的历史痕迹，确实为《红楼梦》与水西庄的关系又提供了新的文证。"

　　除了"白雪红梅"以外，尚有竹林十余亩（竹笋可以入菜）、红菱、芭蕉、桂花（室外）、梧桐、牡丹、青苔、灵芝……

大观园中有一座"龙吟细细、凤尾森森"的潇湘馆，居住着多愁善感的林黛玉，《红楼梦》中许多故事情节都离不开潇湘馆。如果大观园原型在北方，必须找一处翠竹茂盛的园林，可惜在京津地区，翠竹很难成片生长，私家园林更难栽培。可是在津门查氏水西庄，却有一处翠竹成林的景点，名叫绣野簃。《津门杂事诗》中："惹烟笼月影檀栾，绣野簃前竹万竿。"诗自注："津门少竹，水西庄绣野簃前后，栽竹数亩，蓊郁深翠，不减江南。"

我们知道，在京津地区，竹子是很难成活的，红学家为了寻找大观园原型，在北京地区寻找竹林，花费了很多精力，还是不尽如人意。而我们发现在清朝乾隆时期的水西庄中，却有十数亩翠竹。更需要注意的是，水西庄的竹笋可以入餐，"烧笋斗春盘"成为美味佳肴，大观园中多次提起春笋烧制的菜肴。

关于"红菱"我们在前面谈过，这是十分典型的江南之物，北方难于成活，在水西庄引种成功，是水西庄的骄傲。在有关水西庄的文献中，关于红菱的记载十分详细。

至于江南桂花树，在水西庄中也存在，在查为仁《秋怀》三首里能看到这样的场景：桂花如霰落空阶！树上的桂花飘着清香，一些轻轻飘落，落在空空的阶石上面……

大观园中多次提到"芭蕉"，第十七回对潇湘馆的描述，其中明确提到了芭蕉。而在怡红院中更是提到"蕉棠两植"（芭蕉、海棠)。在水西庄中同样生长着芭蕉,而且十分茂盛。我们在查为仁诗集中多次发现有关于芭蕉的描述。看来水西庄主人也喜爱听"雨打芭蕉"的声音啊。

第七,大观园和水西庄都曾接待过皇后。

大观园不同于一般的私家园林,它是为贵妃省亲而修建的行宫别墅。红学家考证,"元妃"的艺术原型应是一位皇后,最直接的证据,就是元妃省亲中的皇家仪仗,公然出现龙凤装饰,这是帝后的专用仪仗,嫔妃是绝不能随便使用的。这一细节不知是作者有意露了破绽,还是将现实中亲眼所见皇后仪仗写入书中。这正是作者高明之处,用一处细节描述达到"泄露天机"的目的,既做到了"真事隐",又能使后人"解其中味"。史料记载孝贤皇后于乾隆十三年(1748年)冬末,随皇帝东巡时到过水西庄。为了迎接帝后驻跸,乾隆十二年(1747年)水西庄进行了扩建。作者写书时,这次皇室活动是"元妃省亲"的绝好素材,也可以解释为何"元妃省亲"一定要写在冬末,原来这一盛况的原型素材"孝贤皇后巡幸水西庄"就在冬末。

通过以上七点佐证的史料,我们可以发现,水西庄的确与大观园有着密切联系,或者说,水西庄是大观园的原型,再或者说,那曹雪芹很有可能就是按照水西庄来写的大观园。

宝黛钗们的文化游戏源于水西庄园

大观园宝钗、黛玉姐妹的咏菊诗美妙绝伦，给读者留下深刻印象。那么在水西庄中有没有相似的诗会呢？有，水西庄是个文人聚集的园林，不断举行各种诗会。菊花在水西庄中是最重要的花卉，说起赏菊，水西庄几乎每到秋天必有赏菊诗会，宴赏本地菊、洋菊，分韵赋诗，留下许多颂菊的诗篇。可以说菊花就是水西庄标志性的花卉。

《红楼梦》第三十八回的题目就叫"林潇湘魁夺菊花诗"，我们说这次诗会的规模最大，因为篇目最多达12首，这些宝钗、黛玉以及众姐妹的菊花诗，当然是《红楼梦》作者原创的，但是很可能受到查为仁《赏菊唱和诗》的启发与影响，其中许多诗句意境似与水西庄查为仁及众人的菊花诗相通相近。有兴趣的读者可以细细品读，找出其中相近的诗句。

例如薛宝钗的第一首《忆菊》中写道："空篱旧圃秋无迹，冷月清霜梦自知"，恰与查诗名句呼应："黄菊窥篱作好秋，五年清梦隔悠悠。"我们分明看到，查为仁诗中名句的"篱、秋、清、梦"四个主要关键字，巧妙地嵌在薛宝钗《忆菊》诗句中。实际上，除了菊花诗以外，其他如桃花诗、柳絮诗，以及"葬花""雪后海棠开"等在水西庄都可以找到存在的痕迹。水西庄中吟咏桃花的诗篇很多，不再枚举。

应该提到的是，水西庄也曾有"葬花"雅事。在查家诗集中的金至元《春日即事》中有：

虚怜玉貌抛残粉，拒惜香魂莽落红。
唐突西家应忏悔，他时原作灌园翁。

"黛玉焚稿"虽然是在后四十回中，但是极其感人。在《查继佐年谱》中有查氏女诗人临终焚稿的记载："太淑人熟精文选工诗古文词……疾亟时，自以为风雅流传，非女子所宜，悉焚弃之。"

我们来看"咏海棠诗"，《红楼梦》中海棠诗社也十分精彩，海棠是湘云的化身。史湘云《白海棠诗》有一联曰："花因喜洁难寻偶，人为悲秋易断魂。"这句极像是呼应艳雪楼佟鋐的咏海棠名句："不是悲秋亦断魂。"史湘云《白海棠诗》另一联为："却喜诗人吟不得，岂令寂寞度黄昏。"这一联需要详细说说，这与"雪中海棠开"（也是后四十回）很有关联。后四十回中"雪中海棠开"写得十分诡异，这一奇异景观红学界一直以为是作者杜撰，找不到原型素材。但水西庄查家却有记载，查为仁《莲坡诗话》中记载，查氏园林"海棠十月开"："余有别业在曲周。庭前海棠，忽于十月间雪中盛开，大尹张若岩，桐城耆宿也，赋七律一首，和者甚多。津门闺秀许雪棠，过时不嫁，雅善诗文。诗曰：

移从香国种无双，几见凌寒意不降。

日映轻红娇带泪，风扶弱质笑迎窗。

朱门旧许宜春睡，冷院新看伴玉缸。

却恨杜工无好句，空教十月渡寒江。

津门闺秀许雪棠咏海棠诗最后一句为："却恨杜公无好句，空教十月渡寒江"；史湘云"海棠诗"为："却喜诗人吟不得，岂令寂寞度黄昏。"无论从诗面，还是意境，都极其相像，而且都是咏海棠诗的最后一联。

《红楼梦》中有十二钗正副册，这数字在查家也多有记载，水西庄庄主查日乾重金买来百名婢女，并从中选出最为灵秀的 12 名婢女专门侍奉他的生活起居。这 12 个女孩子都有特殊的名字和装扮，即取名"三春""三夏""三秋"和"三冬"。"春梅、春桃、春兰"皆穿汉族服饰，缠裹小脚；"夏云、夏荷、夏芷"皆着旗装，旗袍围巾；"秋菊、秋月、秋蕙"皆穿男装，犹若公子；"冬山、冬花、冬松"皆着尼装，佛衣带发。"其经营此十二婢，费金数十万"。

另如查继佐家有 12 名女戏子，有"叶些、柔些、梅些、红些、姗些、留些、澄些、云些、月些……"。著名诗人厉鹗云："查家旦色，皆以些为名。"这 12 名戏子皆有绝艺压身，也有异常凄苦的爱情故事。水西庄中有戏班，常年演戏。吴东壁有于斯堂踏灯词12首。

另一记载，查为仁挚友许佩璜，其母居净绿轩，"所役婢十二，取名古雅，皆美仪容，善词令。每值添香、更衣、卷帘、侍座，鸣环动佩，望若仙人"。

《红楼梦》中的12名戏子，是十二钗的影身，这在红学界已是常识。戏子在专制社会，属于下九流，用赵姨娘的话说："不过是娼妇粉头之流"，为常人所不齿。但是在曹雪芹眼中她们是纯洁可爱的形象。

另外，查家所传画册（十二石），各异怪石配有12首诗，尚有"十二翁"等记载。

实际上，在《红楼梦》这部小说的流传过程中，作品的名称是经历过一系列的变化的，从《金陵十二钗》被弃用，到《石头记》的书名经脂砚斋的批语而深入人心，再到《红楼梦》书名出现及大为盛行，是一个渐进的过程。那么"红楼梦"这个名字究竟有什么出处呢？

对于"红楼梦"三字，红学家进行了长期的考证，翻阅了大量诗文史料，大多从唐诗之中查找，也找到一些"红楼联梦"的根据。但是唐朝毕竟离曹雪芹写书时代久远，我们在曹雪芹同时代的水西庄史料中查阅，终于在查氏《沽上题襟集》发现一首五律

《坐揽翠轩闻莺》，为乾隆六年（1741年）山阴胡睿烈所作，诗云：

蓟北莺声少，朝来乍一聆。
红楼春未启，越客梦初醒。
鹅管参差美，龙梭次第经。
故乡归不得，芳草漫青青。

胡睿烈浙江山荫人。清朝著名诗人，是天津水西庄重要宾客。诗中提到的"揽翠轩"，为查氏水西庄第一胜景。

周汝昌先生对于水西庄中发现"红楼联梦"十分重视，专门撰写文章介绍这一发现。文章称"这是乾隆六年的题句，这就证明：'红楼'一词与'梦'字连在一起的例子，早见于水西庄的诗家笔下。然称客寓之园林轩馆为'红楼'，甚奇。"

《红楼梦》第二十七回，提到大观园众少女饯花神的风俗。大观园中前后两次提到的"花神"，在红学研究中一直也是一个课题，因为在清朝供奉"花神"的庙宇并不多见，芒种祭饯"花神"的习俗也少见。史书记载，清朝康雍乾时期，天津卫河邵公庄、小西关一带，种花养花卖花的人家很多，邵公庄的海棠远近闻名以至又名"海棠庄"，艳雪楼即是以"消魂海棠"而命名的。春日来临，水西庄内以及周围几乎是花的海洋，花匠们信奉"花神"，自发地在运河边建起花神庙，且香火旺盛。

据《津门诗钞》载，天津诗人殷希文写有《花神小祠》一诗。

《红楼梦》中贾宝玉对水仙洛神不信不拜，而对花神、芙蓉神却完全相信。这是否也说明在作者写书的环境中，真正存在着祭祠花神的"花神庙"呢？时至今日，天津南运河水西庄遗址旁，仍有"花神庙"的地名，老人们可以回忆出花神庙的兴盛场景。

令人深思的是，有学者考证，发现水西庄与《红楼梦》的写作有关系，曹雪芹曾在水西庄长期避难，将水西庄中的优美景点和豪华生活写入书中，其中也包括水西庄奢侈而有特点的饮食。比如，大观园潇湘馆中有大片竹林，还有鲜嫩的竹笋做菜，可是在北方京津地区，竹子很难成活，红学家为此疑惑，而水西庄中却有数亩翠竹，竹笋可以入餐，这是十分难得的。

说到水西庄的精美饮食，不得不提水西庄独特的酒与饮料。

查为仁写有《雨中香雨楼试百花酒》。这个"百花酒"的酿造可不容易啊，独特秘方酿制，口味极为奇特，清醇满口，回味悠长，营养十分丰富，是水西庄独有的果酒。水西庄还有一种"翡翠酒"，通体碧绿，入口清香。这"百花酒""翡翠酒"十分受欢迎，而平时查为仁招待宾客是用高级"沧酒"，也是水西庄主人特制的。

除了美酒佳肴，水西庄还有一种精美饮料，名叫"枣香露"，查礼写有《新酿枣香露初熟独酌赋此》，诗曰：

小院花深月正团，凭阑对影酌柔澜。

试他东老新传法，忘却西邻旧扑竿。

验色已教红似露，吹香更喜静于蓝。

海软应笑安期误，长使如瓜岁岁乾。

通过以上史料，我们从中发现，水西庄的确与大观园有着密切联系，那么为什么会出现这种现象呢？答案是，作者曹雪芹应该在水西庄中生活过。

神秘女人的神秘和诗

影响最大的一次"赏菊唱和"是在康熙五十五年（1716年）查为仁首创，虽然这是在水西庄正式建立之前的事情，但是影响极其深远，有诗坛名家26人参与，其中还有女诗人参与，一直到乾隆初期，还有诗人唱和。

康熙五十五年秋，23岁的查为仁入狱已经5年，这年秋天苦闷之余在狱中有感而发，作《赏菊诗》七律二首，其中名句为："黄菊窥篱作好秋，五年清梦隔悠悠。"轰动一时，和者甚众，后于乾隆时期集成《赏菊倡和诗》。这次赏菊唱和影响久远，以至写入《天津县志》中。

在查为仁编纂的《赏菊倡和诗》中，居然有两位神秘女诗人，这是十分难得的，在清朝男女授受不亲，怎么可能出现社会上的女子向一个陌生男子写什么"和诗"呢？这是绝对禁止的。而这两首《赏菊倡和诗》的确是当时的女诗人书写的，并且传递的方式十分奇特。

先说第一首，是女诗人写在湘妃竹折叠扇上面，悄悄放在查为仁家门口，仆人恰好见到拾起，辗转交到主人手上后，查为仁阅读以后大为惊奇，专门写了一段文字，记述这离奇的女诗人和诗。他写道："康熙丙申年十二月二十五日，仆人从外城归，拾得湘竹折叠扇一握，上书二诗，款写'偶读赏菊诸咏，有怀，次韵却寄'；下署'邗上赵琼英'五字，楷画娟秀，颇饶林下风致。赏菊诸咏，何由闺中得以寓目？此扇又何以遗之道上？皆无从致诘也。亟录倡和集中，传之好事，又为黄花添一重公案矣。花影庵主为仁记。"这位神秘女诗人名叫赵琼英，诗曰：

和韵

闺秀 赵琼英

其一

宴赏诗传帝里秋，江流如线怅悠悠。

海棠开后从凝望，篱菊逢时更惹愁。

锦缆牵霞辞我去，金鞍踏月向谁留。

浣花笺纸书频寄，数尽飞鸿没一酬。

其二

吴云燕树尽疑猜，耽入诗坛不省来。

佳句空萦千里梦，仙葩谁徙上林栽。

鹦哥帘底将伊唤，杜宇枝头向客催。

莫负维扬好明月，琼花一朵未全开。

  另一位女诗人则更为离奇，似乎是神话传说一般，这位女诗人名叫杜丽春，江西吉水人，明朝万历年间，她的父亲被派到天津做官，杜丽春随往，在天津居住生活，但是不幸的是，杜丽春却在天津发生不幸，溺水身亡，据说死后成仙，经常显灵。

  康熙五十五年十月十二日，青城道士董守素，在北京天坛做法事，扶乩仙降，叩请仙诗，"杜丽春"见案上有莲坡居士赏菊诗，极为欣赏，遂和诗二首，然后飘然离去。这真是神仙显灵了，"扶乩"而得二首"赏菊诗"，人们惊呼神奇，争相传诵。查为仁在《赏菊倡和诗》中详细记载了这个传说，并录下这两首"扶乩"而得的女诗人"赏菊诗"。

和韵　水仙

杜丽春

其一

瞬息东风瞬息秋，尘寰犹认岁悠悠。

无知花草自开落，底事心情易喜愁。

红粉易消肌玉冷，青春难挽鬓丝留。

何如早觅还丹诀，逝水年华尚可酬。

其二

说与诗人莫费猜，闲中亲见转轮来。

舜华逞艳才堪种，槿树旋枯不复栽。

有限精神休浪掷，无情乌兔递相催。

春兰秋菊寻常物，须看蟠桃池上开。

乾隆皇帝的"悲剧"皇后

《红楼梦》里的悲剧妃子是元春。元春是贾政与王夫人所生的嫡长女，因生于正月初一而取名元春。元日、元旦，说的都是古时候的一年的第一天。贾元春十几岁时便被选入宫，起初充任女史，后来被封为凤藻宫尚书，加封贤德妃。

元春的命运是悲惨的，她被帝王专制礼教和宫廷斗争所束缚，无法追求自己的幸福。在省亲时，她曾隔着垂帘含着眼泪对贾政说："田舍之家，虽齑盐布帛，终能聚天伦之乐；今虽富贵已极，骨肉各方，然终无意趣"，表达了她对自由和亲情的渴望。最终，她在宫廷斗争中失势死去。

《红楼梦》通过写一个死去妃子的前生今世，将其塑造为《红楼梦》里悲剧女性的典型形象之一。那么曹雪芹是如何将这段故事写得那么清楚详细，那这些皇宫内外的规矩、场面他是怎么知道的，又是怎么做到的呢？

乾隆一生有三位皇后，第一位是乾隆帝敬爱有加的孝贤皇后富察氏，第二位是后来被打入冷宫的那拉皇后，第三位是死后才被追封为孝仪皇后的魏佳氏。

孝贤皇后姓富察氏，她16岁的时候，被雍正帝指婚给弘历为嫡福晋。富察氏一入宫，就得到了夫君的尊敬，与乾隆感情很好。可就是这样的一位皇后，却有着谜一般的结局。究竟发生了什么事情呢？

乾隆十三年（1748年）二月初，当朝皇帝乾隆东巡来到天津。当时天气尚寒，正所谓春寒料峭。38岁的乾隆皇帝携孝贤皇后，乘龙船由北京顺运河南下来到天津水西庄。

乾隆皇帝乘坐的龙船名"安福舻"，长八丈四尺，宽一丈六尺；孝贤皇后乘船名"翔凤艇"，后面是一支庞大的宫廷船队。据

《天津新县志》记载，这个私家园林水西庄给乾隆皇帝留下美好印象。此次东巡的用意之一是借祭孔庙、登泰山，游山玩水来排解孝贤皇后心中刚刚失去儿子的悲痛之情。可乾隆帝万万没有想到的是，孝贤皇后竟突然死于途中，而且死得不明不白，年仅 36 岁。

孝贤皇后生于康熙五十一年（1712 年）二月二十二日。富察氏出身满洲镶黄旗。镶黄旗为上三旗中的首旗，由皇帝亲统，地位很高。在清代皇后中，真正出身于满洲镶黄旗的并不多。雍正五年（1727 年）七月十八日富察氏奉旨与皇四子弘历成婚，为嫡福晋。雍正六年（1728 年），生弘历长女；八年生次子永琏；九年生弘历第三女。雍正十三年（1735 年）（即雍正帝去世当日），奉懿旨册为皇后。乾隆十一年（1746 年），四月初八生皇七子永琮。真是儿女双全，在佳丽如云的后宫，这是十分难得的。

在旁人眼中，贵为国母的她可谓荣耀至极，因为她赢得了乾隆皇帝的至爱与整个后宫的尊敬。然而在她心中，一切真就如此美满了吗？自古红颜多薄命，孝贤皇后的一生其实是极其悲惨的。

史料记载，孝贤皇后性格温顺，生活俭朴，平时头上戴的头饰是草编绒花，不是珍珠翡翠。乾隆对其"每加敬服，钟爱异常"。在乾隆的众多后妃中，孝贤皇后是和乾隆感情最好的，备受乾隆宠爱。乾隆对于皇后娘家富察氏的赐封更是超出常制，皇后的弟弟傅恒是清代少有的非宗室王，富察氏一族也是清代外戚恩泽最为优厚的家族。

为什么孝贤皇后又被称为"悲剧皇后"呢？首先是她曾经三度丧子，这给一个母亲带来的是巨大的打击啊！其中，皇长女只活了一岁多就死了。雍正八年（1730 年）富察氏生弘历次子，雍正帝亲自为其命名为永琏，"琏"字，是玉字旁加一个连字，在弘历看来意味着将来能够继承皇位之意。如此一来，富察氏在弘历心中地位更高。弘历在乾隆元年（1736 年），就迫不及待地把永琏密定为皇太子。那时皇帝年纪不过 26 岁，这样早就立储，显然是因为太钟爱这个儿子了，没有想到刚过了两年多，永琏就因"偶感风寒"，于乾隆三年（1738 年）夭亡，年仅 9 岁。最为中意的爱子夭折，对乾隆皇帝和孝贤皇后来说无疑是巨大打击，平素勤政的乾隆皇帝接连 5 天没有临朝。

孝贤皇后的固伦和敬公主，于乾隆十二年（1747 年）三月，16 岁时下嫁到蒙古科尔沁部辅国公家中，这也是让母亲欲哭无泪的伤心事。

乾隆十一年（1746 年）四月初八，宫内传来天大的喜事：已经 35 岁的富察皇后又为乾隆生下了一个胖儿子，这就是皇七子永琮。永琮出生当天正逢大旱之后大降甘霖，又值"佛诞日"——佛家指农历四月初八为佛生日——是个吉祥的日子，乾隆皇帝大喜过望，庆贺爱子诞生，挥笔写下《浴佛日复雨因题》：

九龙喷水梵函传，疑似今思信有焉。

已看黍田沾沃若，更欣树壁庆居然。

人情静验咸和豫，天意钦承倍惕乾。

额手但知丰是瑞，颐祈岁岁结为缘。

写完这首诗，还怕别人不懂，乾隆皇帝又在下面加注"是日中宫有弄璋之喜"。"弄璋"典出《诗经》，把生男孩文雅地称"弄璋"。

皇后富察氏和乾隆一向感情融洽，在经历了丧子之痛和女儿远嫁的忧伤之后，她又生下了一个漂亮的男孩。本以为从此可以苦尽甘来，过上和顺的日子，没想到不久就发生了意外。发生了什么事情呢？

虽然此时乾隆已有好几个儿子，他对皇七子永琮却爱如珍宝，他觉得这个孩子是他所有孩子中最漂亮、最可爱、最聪明的一个，永琮在襁褓之中就被乾隆帝视为皇位继承人，皇太后也最疼爱他。清宫有的皇子都好几岁了还没有名字，而这个皇七子还不满周岁，乾隆皇帝就迫不及待地给他取名为永琮。琮是什么意思呢？是祭祀的时候用的珍贵玉杯，且琮字有秉承祖业的意思，和永琏一样，所寓含的继位之意也是很显然的。有趣的是，为皇七子命名永琮后不久，乾隆发现宗室中也有永字辈的一个孩子已经名叫永琮，哎呀，重名了！乾隆皇帝想了想，便立即下令让那个宗室中重名的孩子改名，连改的名字都给想好了，命令那个孩子改叫永璇。

可惜的是，这位聪慧异常前途无量的皇子永琮，因出痘，也就是天花，于乾隆十二年腊月二十九日除夕身亡，未满两岁。乾隆皇帝和孝贤皇后悲痛万分，这年的除夕，全国都在欢庆新年，鞭炮齐鸣、火树银花，家家都在吃团圆饭，皇宫中却是一片死寂，不时传出悲号的哭声，笼罩在悲痛凄凉的气氛之中。

乾隆十三年二月初四日，新年正月刚过天气尚寒，乾隆帝、孝贤皇后东巡。这年是孝贤皇后的本命年，也是她与乾隆皇帝结婚的第20年，也是她情绪极坏的时候，而在众人面前她还需要强忍悲痛保持端庄。

东巡途中路过南运河畔水西庄，按原定计划，帝后巡幸水西庄，水西庄举行了盛大的迎帝后仪式。实际上，这趟行程中还存在"省亲"的可能性，但皇后是否借这次机会真正见到了亲人，史料并没有记载。孝贤皇后的弟弟傅清一直任天津镇总兵，在天津有住宅及亲属。我们认为，乾隆皇帝还是很体贴皇后的心情，接连丧子之痛，她急需要亲人的安慰，而皇宫不能够随意出入，也不能畅所欲言，尤其是皇后居住的后宫，更是戒备森严。这次出宫东巡倒是个好机会，正巧水西庄又是个极好的场所，因此在乾隆皇帝同意下，安排孝贤皇后与亲人见面还是很自然的。这次接见的场景，我们可以猜测，应该主要是以"哭"为主，孝贤皇后虽然贵为国母，虽然已经 36 岁，但是在长辈面前，仍然无法掩饰自己长期孤独的心情，从内心发出："当日既送我到那不得见人的去处，好容易今日一会，不说说笑笑，反倒哭起来。一会子我去了，又不知多早晚才来！"正是《红楼梦》中元春省亲时发出的叹息。

当年，孤儿染香子就在水西庄染香斋居住，在查为仁的安排下，以水西庄主人的身份参与接待，有机会目睹孝贤皇后巡幸水西庄的全过程，也有可能目睹孝贤皇后与亲人相见时悲悲戚戚的感人场景。根据已知曹雪芹的生平材料，这个被称作"染香子"的孤儿与曹雪芹有十分相似的地方。他的身世、年龄、际遇（大起大落）一样，而且同为诗词高手，尤其是染香子"身杂优伶、有文无行"的记载与曹雪芹的描述更是一致。他很可能就是隐姓埋名的"少年曹雪芹"。正是因为有过这样的经历，再经过艺术升华和文学加工，《红楼梦》才能将元妃省亲的情节写得丝丝入扣、感人至深。可以说，这应该是染香子独有的经历。在"元妃省亲"这几大段详细的文字中，脂批很多，"难得他写得出，是经过之人也"，"《石头记》最难之处，是别书中摸不着"。脂砚斋同时交代，作者写元妃省亲故事，是为了"出脱多少忆昔感今"。这些批语真实反映了作者真实的经历、真实的感受。

千古谜案——皇后之死

经历了各种人生悲痛之后的皇后富察氏，此时内心一定是非常脆弱的，很快，她的人生最终画上了句号，而这个句号，也为后世留下一个很大谜团。

皇帝一行在水西庄稍事停留，继续沿运河南下，二月二十四，到达山东曲阜，皇帝一行游览孔庙，举行了盛大的祭孔仪式，拜谒了孔林。二月二十九日，登上泰山。三月初四，到济南游趵突泉、历下亭。三月初七，再一次游览趵突泉。三月初八，乾隆皇帝一行踏上回京路程。三月十一日，到达山东德州，准备沿运河从水路回京。当晚亥时（晚9点至11点间），孝贤皇后不幸失足落水，溺水而亡。孝贤皇后的遗体由御船运回。

三月十四日，乾隆皇帝护送孝贤皇后的梓宫到天津，皇长子永璜特意来到天津迎驾，三月十六日孝贤皇后梓宫到达北京。

孝贤皇后在二月底登上泰山，三月初四日还游览了济南的趵突泉，怎么会在几天以后就忽然死了呢？因此，关于孝贤皇后之死因，社会上轰动一时颇有议论，概括起来主要有三种说法。

第一种说法：羞愤落水而死。《清鉴纲目》载：乾隆皇帝在御舟中饮酒作乐，招来歌姬舞女助兴。皇后前去劝止，乾隆皇帝大怒，酒醉呵斥皇后，皇后在返回其乘坐的船只时，不慎失足落水，抢救不及而死亡。《中国历史大事编年》第五卷的清近代部分也同样记载。

第二种说法：被逼落水而死。《清朝野史大观》载：乾隆皇帝与傅恒夫人私通，傅恒就是皇后的弟弟。这次在御舟饮酒中，皇后又提及此事，乾隆大怒，酒醉后逼皇后跳入水中。还京后，终觉内疚后悔。

第三种说法：忧郁成疾而死。这是清廷的官方说法。认为孝贤皇后是因为悲痛忧郁而病死。因为亲子永琏、永琮接连殇逝，给孝贤皇后带来极大精神创伤，健康状况越来越差，偶感寒疾，致使死在回銮途中。

孝贤皇后之死，原因至今还是个未解之谜。一些清史专家和红学家对孝贤皇后的死因进行了详细的考证，没有达成一致意见。"生病致死"最简单，可惜说服力不强，毕竟孝贤皇后才36岁，能够登上泰山表明身体没有什么大碍，"偶感寒疾"在医术高明的太医眼中并非疑难之症，更非绝症，怎么糊里糊涂就治死了呢？而"落水而亡"的说法却不能够排除，因为大量史书记载，原因细节略有不同（都与乾隆皇帝醉酒有关），而落入运河之中却是相同的。我们认为，"落水而亡"之说不会完全没有根据，如果皇后是死在后宫中，那是个严密封闭的空间，接触的人很少，无论死因如何，一声令下就可以完全封口。而这次孝贤皇后之死却完全不同，她是在大运河上面，即使有护卫围护，来来往往的人员比起宫中要多多了，何况皇后落水需要呼救、搭救、抢救，这些必须兴师动众……因此目睹之人众多。"落水而亡"传言四起是非常自然的，毕竟孝贤皇后是"国母"，是个"公众人物"，即使官方一再下封口令不许乱说，也已经于事无补了。

可怜的皇后，一生悲剧，与乾隆皇帝结婚整整 20 年，生儿育女，结局却是一场空。我们将贾宝玉神游太虚幻境，看到金陵十二钗的册子，其中揭示"元春（元妃）"命运的诗句：

二十年来辨是非，榴花开处照宫闱。
三春争及初春景，虎兕相逢大梦归。

以及后来演唱的"《红楼梦》仙曲十二支"，其中有《恨无常》曰：

喜荣华正好，恨无常又到。望家乡，路远山高。
故向爹娘梦里相寻告：儿命已入黄泉，天伦呵，须要退步抽身早！

可以发现，这些判词揭示的命运，仿佛都是为年轻的孝贤皇后写的，完全符合她可怜的一生啊！而那首元妃送出的"爆竹"谜语，更是孝贤皇后显赫而悲凉的象征。

作者曹雪芹深深同情这位悲剧皇后富察氏，在"元妃省亲"中多处突出了连连哭声，在"烈火烹油、鲜花着锦"的喜庆中透出"悲凉凄惨"之情，这种巨大的反差感人至深。

另外，《红楼梦》中还有一件蹊跷之事需要提及，不知是有意无意，作者曹雪芹将《红楼梦》中两个兄弟人物命名为"贾琏、贾琮"，这恰恰是孝贤皇后两个亲生儿子"永琏、永琮"的名字，都是亲兄弟，您发现了没有？

我们再看孝贤皇后（富察氏）两个儿子"永琏、永琮"的年龄，皇后于雍正八年（1730 年）生皇二子永琏，乾隆十一年生皇七子永琮，永琏的年龄比永琮正好大了 16 岁。那么《红楼梦》中的贾琏和贾琮的年龄差多少呢？书中贾琏已经成年是 20 岁刚过，而贾琮还是个由奶妈看管的小孩，由此可知，"贾琏、贾琮"不但名字与"永琏、永琮"相同，而且年龄差距也相同，又是一个不可思议的惊人巧合。

为什么会出现这么多的巧合呢？这是一个非常严肃的课题，可以设想在曹雪芹写书时，见到"悲剧皇后"在水西庄的大喜大悲以及暴死，非常同情这位"悲剧皇后"，写下"元妃省亲"并将"永琏、永琮"的名字暗写入书。千古之谜，孝贤皇后之死，成为水西庄住客人尽皆知的公共事件，进而成为小说《红楼梦》的创作素材，才使《红楼梦》写尽盛衰与荣辱，写就精彩与高贵。

少年曹雪芹是否隐姓埋名生活在天津

　　我们都知道，艺术来源于生活，因此能够写出这样一部传世名著，作者一定也是一位有着丰富人生阅历的人。如果这部小说与天津水西庄有密切关系，曹雪芹本人一定也在水西庄生活过。那么，曹雪芹和水西庄究竟有什么样的关系呢？

　　这是乾隆十二年秋冬之交的事情。这年，运河名园水西庄又进行了一次扩建，在水西庄西边建立一个新园林，叫作"小水西"。园内环境幽雅，树木繁茂，鸟语花香，房屋建筑非常精致，十分适合居住。水西庄在卫河（南运河）之畔，从"外河"利用桥闸，引来运河水。为了庆祝新园建立，在十一月十一日举行了一次游园诗会。号称"运河第一庄"的水西庄是一座很有特色的私家园林，面积巨大，景色宜人，集观赏和居住为一体，既然水西庄如此巨大，为什么还要再建一座小水西呢？

　　原来这年天津官府专门来人告之：明年乾隆皇帝带着皇后要进行东巡，路过天津，需要准备一个驻跸之地，众人研究以后一致认为运河之畔的水西庄最为合适。皇帝、皇后驻跸水西庄当然是天大的喜事了，要知道水西庄只是一个盐商的私家花园。可是驻跸以后官家必然管制起来，作为皇帝行宫的水西庄就不能自由居住和游览了。因此查日乾、查为仁父子在紧张修葺水西庄之后，又在水西庄周围建了用于自家居住的小园林。

风景如画的水西庄经常举行文人的各种游园，这次意义不同，因为马上皇帝、皇后要来驻跸，水西庄即将管制，不能继续客居，众人心情复杂。年过半百的查为仁令公子查善长吟诗纪念，公子善长才 18 岁，非常聪敏，其四面观望，心中略一思索，挥笔成就诗篇。诗中有一句为："三月桃花流曲岸，一行衰柳荫长堤"。

看到这里，细心的读者一定会觉察，这个情景似乎十分熟悉，《红楼梦》第十七回"大观园试才题对额"中，贾政带领公子宝玉游览大观园……第一是场景相似，都是父子在游览一座巨大的私家园林；第二是时间相似，都是在"皇室活动"（元妃省亲）的前一年；第三最有意思，是在大观园第一个景点"沁芳"重要题匾，对联是"绕堤柳借三篙翠，隔岸花分一脉香"（宝玉题写），与大公子查善长游园的诗句"三月桃花流曲岸，一行衰柳荫长堤。"极其相似，意境相同不说，大公子查善长原句中的"堤、岸、花、柳、一、三"这些关键词都予以保留。至于游览的季节，由秋冬之交改变为春夏之交。

作者曹雪芹少年时，由于父亲被雍正皇帝罢官抄家后一蹶不振，他绝没有机会随父亲游览这么一座巨大的私家花园。所以《红楼梦》这部巨著不是作者曹雪芹本人简单的回忆。那么是什么呢？"大观园试才题对额"中"追踪蹑迹"就是以水西庄这次父子游园作为部分素材的吗？难道少年曹雪芹隐姓埋名在水西庄这里生活过吗？那么他当时以什么身份、什么名字出现呢？他目睹过"元妃省亲"这样盛大的皇室活动吗？这一系列的巨大问号强烈吸引着我们，让我们试图寻找其中的答案。

现在我们先从水西庄一个神秘孤儿谈起。这个神秘孤儿是否就是在水西庄避难的少年曹雪芹？

提供这个说法的是海宁查氏后代查良镇老人。曹家被抄时雪芹还很小，举家赴京时因吉凶难测，于是把曹雪芹托付给运河水西庄查家。眼见雍正的残酷，曹家企望保留一个后代是很自然的，而当时只有水西庄还有一块安全之地。以查、曹两家的交谊和查为仁的性格，这个传说还是有一定根据的。因而拥有繁华胜境和豪华生活的水西庄，给少年曹雪芹留下了极其深刻的印象。

曹雪芹进行《红楼梦》创作前的经历基本上是一片空白。在这30来年的时间里，曹雪芹住在哪里，叫什么名字，是怎样系统学习和生活的，受到过什么样的传统教育和影响，特别是他所展现出来的渊博知识从何而来，《红楼梦》所反映的豪华生活的素材从何而来，这些带有根本性指向的诘问不啻是红学研究领域中的"天问"。

为什么会出现这个现象呢？原因很简单：雍正皇帝的严苛，以及动辄抄家和残酷的"文字狱"。少年曹雪芹的身份是什么？——"犯官之后、漏网之鱼"。能够安全生存是第一位的问题，不可能留下直接的文字记载。红学家周汝昌先生指出："关于曹雪芹何以能到水西庄，而查家也敢于接待援助？如欲从史册的'现成文本'去找依据，那当然是妄想而徒劳的，谁也不敢明文记载这种秘闻轶事。"

企图在水西庄寻找隐匿极深的少年曹雪芹，谈何容易？用"大海捞针"来形容也不过分。要进一步论证"曹雪芹避难水西庄"，必须确立两个"信念"：第一，水西庄就是大观园的原型，作者必定在水西庄长期生活过并留下一定的踪迹；第二，曹雪芹既然是避难，必定要隐姓埋名，甚至不敢姓曹。我们还认为寻找隐匿的"曹雪芹"，至少满足两个条件：一是年龄；二是家世。年龄这条非常重要，太大或太小都不符合条件；家世清楚（有根有叶），来路清晰的神童也不符合条件。

经过反复筛选，最后我们锁定了"苏州孤儿"染香子，这是一个"来无影去无踪"、文采飞扬、身杂优伶的神秘孤儿，年龄嘛，恰好与已知的曹雪芹资料极为相近，这个"来历不明"的神秘孤儿居然在水西庄稳稳生活了十几年，后来凭空消失……这时的心情真像古诗词描述的那样：众里寻他千百度，蓦然回首，那人却在，灯火阑珊处。

为什么锁定了这个"苏州孤儿"呢？原来在"苏州孤儿"染香子的身上有着不可思议的疑点。

首先这个"孤儿"待遇非同一般，简直是"贵宾"一级的待遇：让他上家庭私塾，查为仁亲自教他诗词歌赋，给他独立居住的宅院"染香斋"，过上锦衣玉食小主人一般的生活……

其次，查为仁外出常带着这位少年染香子，也是奇怪现象，通过查为仁的诗词，可以找到许多带着染香子外出的诗句。令人称奇的是，有一次"苏州孤儿"染香子病了，查为仁居然还专门写了一首词表示关切。还有很多疑点根本无法解释，只能表明"苏州孤儿"绝非一般孤儿，而是有着复杂背景、不能明说的来客。

当然，仅仅锁定了"苏州孤儿"染香子，是万万不够的，还必须小心考证。根据已经知道的曹雪芹生平的简单材料，可以发现水西庄中神秘"孤儿"染香子与曹雪芹有十分相似的地方。从身世、年龄、际遇（大起大落）是一样的，同为诗词高手也是完全一样的，尤其是染香子"身杂优伶、有文无行"的记载与对曹雪芹的描述更是一致。这就不得不引人深思。在"水西庄是大观园原型"和"曹雪芹避难水西庄"的前提下，我们对染香子进行了深入细致挖掘，结果是令人震惊的。难道染香子就是隐姓埋名的

"少年曹雪芹"吗？

能够写出《红楼梦》的作者必定文采风流，诗词俱佳。从史料记载染香子就是个诗词高手，"所作染香斋诗，清隽可观"，查为仁《莲坡诗话》中，有一节专门记述染香子，并给予很高的评价。

染香子的文采在诗词联句中更加凸显，联句的难度很大。既是"命题作文"又是"当场交卷"，基本功和应试能力都需要极其扎实，含糊不得半点。在乾隆五年（1740年）的盘山冬游中，查为仁曾带着染香子与著名诗人朱导江、陈对鸥和诗联句，那些诗人都是五六十岁的大文豪，能和大文豪对诗联句，可见染香子的诗词颇佳，有极高的文学修养。

"红学泰斗"周汝昌曾撰文提出"曹雪芹到过天津吗"这个课题。他在《曹雪芹小传》等文章中提到过曹雪芹的后代曾在天津生活过，那么曹雪芹本人是否也在天津生活过呢？

据考，曹雪芹在曹家被查抄后并未随家迁回北京蒜市口十七间半，根据口传，曹雪芹到天津运河畔水西庄查家寻求避难。由于曹雪芹祖父曹寅与查家的关系渊源，雍正八年曹雪芹在家人带领下来到水西庄，初识主人查为仁。但因查家迫于雍正朝的高压政治形势，惧怕罹祸，未能接受少年曹雪芹。曹雪芹只好被送回江南，在同样有着通家旧谊的云间（今上海松江）张侯家避难。在张侯家于雍正十一年（1733年）家道中落后，曹雪芹流离民间，

"几致沦落"接触到社会底层"三教九流"。乾隆二年（1737 年）政治形势发生变化，查家寻找到流落民间的曹雪芹，收留在大观园一样的"世外桃源"——水西庄，由查为仁施以系统教育培养，长大成人，学习写作诗文，隐姓埋名过了十多年极其豪华的生活。其间，约在乾隆八年（1743 年）曹雪芹开始酝酿构思并着手写作《红楼梦》（《石头记》）。在这期间曹雪芹有着独特而丰富的人生经历，最为重要的要算乾隆十三年二月上旬，乾隆皇帝和孝贤皇后巡幸水西庄以及一个月后孝贤皇后在德州运河畔暴亡带给他的强烈震撼。还有水西庄主人查为仁的未婚妻金至元苦等 9 年相爱至死的爱情悲剧也让曹雪芹感触极深，这也许都对《红楼梦》的创作产生重要的影响。

后来，查为仁于乾隆十四年（1749 年）去世，查家分家后家道中落，再加上水西庄又于乾隆十五年（1750 年）正式成为"皇帝行宫"，曹雪芹被迫离开水西庄查家，住在天津西沽黄叶村（这是唯一有史料记载的），认祖归宗以"曹雪芹"进入社会，继续潜心创作《红楼梦》。再后身份暴露，生计更加艰难，东躲西藏被迫于乾隆二十五年（1760 年）举家迁居于北京西山一处村庄。

以上，我们经过考证大致给出了一个符合历史背景、人物身份而又与诸多线索相互吻合的回答，也就是考证出了曹雪芹的人生轨迹和来去踪迹。

这些新的发现和由之形成的新观点，与过去很多红学家关于曹雪芹经历的"南京—北京—西山"十分模糊的人生轨迹大为不同，给出了比较具体曲折的人生经历，即"苏州（南京）—水西庄—云间—水西庄—黄叶村—北京西山"。我们给出的这个轨迹，可以很好地解决红学两大难题："大观园"和"元妃省亲"的生活素材从何而来。

研究中又有一个新发现：在大观园最重要、最核心的景点中，居然隐藏着作者"染香"的名字，隐藏得十分巧妙。这个景点就是大观园第一个景点"沁芳"。曹雪芹不愧是文学大师，对汉字研究真是炉火纯青，设计大观园那么多景点，几乎都与水西庄景点相关联，而这个第一个景点"沁芳"虽然没有住人，作用却贯穿全园。书中许多重要情节大多与此有关，因此有红学家认为，大观园可以叫作"沁芳园"。周汝昌先生深刻地指出："有人问我研究红学多年的体会是什么，就是两个字——'沁芳'"。

既然"沁芳"如此重要，那么还有什么其他秘密吗？有，就在这个重要景点的名字中，隐藏着作者十分珍惜的名号"染香"。

"沁芳"与"染香"二词是不是同义词？"芳"与"香"自然是同义词了。而"沁"有浸润之意，如沁色、沁润、沁人心脾、沁凉。"染"也有浸润之意：如"染色"，引申如感染、传染、渲染。这样"沁芳"与"染香"二词可以说是同义词，或是近义词。

"沁芳"与"染香"是意义非常相近的词语。难为作者想出来这么贴切的两个词,表明作者的文字水平实在高超。在大观园最重要景点"沁芳"中,似乎真隐藏着作者"染香"的名号?隐藏得多么巧妙。"沁芳"是大观园的灵魂,却隐藏着作者"染香",这传递出多么重要的信息啊!

染香子游历盘山和西山

其一,游燕山之盘山。

天津水西庄里,来自苏州的孤儿"染香子"很可能就是曹雪芹的化名。令我们庆幸的是,查为仁将他带着这位孤儿"染香子"在盘山冬游、北京西山冬游的经历以日记体详细记载了下来,并整理途中每天的唱和联句之作,加上一些记述和议论,写出了《游盘日记》一卷。根据这些生动而翔实的《游盘日记》记载,我们可以清晰地沿着染香子(疑似曹雪芹)的足迹,适当探索他此时此刻的心情,探寻一下两次冬游对染香子(疑似曹雪芹)成长过程的影响,尤其是他对佛学的领悟,还是十分有益的。

乾隆五年(1740年)新年过去,正月十五元宵节,水西庄火树银花。这是一个热烈祥和的节日。这天在花影庵里面,茶香四溢,温暖如春。众宾客谈笑风生,查为仁向众人宣布:今年二月准备前去蓟州盘山一游,相邀几位同游。

　　众所周知，蓟州盘山乃佛教名山，号称"京东第一山"，以松、水、石"三奇"著称。但是也有人提出异议，担心二月尚是冬末春初，天气寒冷，尤其是山顶"高处不胜寒"，冬季登山实在不易，也不安全。

　　查为仁一边听众人议论一边点头，待大家说完，就问道："诸位，可有描述盘山冬季雪景的文章吗？"一句话把在场的文人学士问得哑口无言，谁也回答不出来。是啊，那么多的盘山游记，可是就是没有描述盘山冬景的文章啊。查为仁心中暗喜："我就是反其道而行之，来一个盘山冬游。亲自感受一下北国风光，山上呼啸的风雪，看一看大荒山白茫茫一片……"

　　大荒山？难道盘山又叫大荒山？在场的染香子心中一动，集中精力认真听着。这时众宾客兴趣来了，纷纷希望参加这次不比寻常的盘山冬游。

　　查为仁却告诉大家，这次冬游不准备兴师动众，轻车简从，低调进行。决定只邀在座的三位同行，第一位是诗人陈皋先生，第二位是画家朱岷先生，最后一位是……染香子！

　　众位以为耳朵听错了，陈皋和朱岷都是当今名士、文坛画坛领袖，被邀请自然应该，只是这个染香子是个"孤儿"，来水西庄不过三年，年不过20岁，没有什么特殊才能。大家都有些悻悻然，查为仁非常理解大家的心情，连忙安慰说道，今年三弟查礼也要游盘山，已经定下来八月秋天，到时秋高气爽一定邀请众位参加。

染香子心里明白，查为仁这次盘山冬游特地邀自己同行，一是让自己开阔眼界，二是考验自己的写诗水平。是的，查为仁最近经常表扬自己，在私塾只用了几个月就学了别人两年的学业，而且喜爱读书，过目不忘，悟性极高啊！查为仁告诉染香子，这次冬游不但要一路写盘山景点诗篇，还要参与我们的现场联句，这可是有不小难度啊！

在盘山冬游前夕，染香子认真阅读了《盘山志》等有关盘山的书籍，染香子头一次看到了有关"大荒山"的记载，这里提到的"大荒山"，是比喻？还是盘山又叫"大荒山"？

《盘山志》是名僧智朴编纂，有很浓厚的文学色彩，记载十分详细。盘山，实为燕山南麓名山，古名为"无终山"，秀美的自然风光和众多寺庙久盛不衰的香火，历史上佛教、道教在盘山交替发展，竞相传播，相互争雄。佛教的传入，对盘山的开发起到了重要的作用。盘山号称 72 座寺庙，僧众近千……

盘山的"盘谷寺"三字，就是康熙皇帝亲题的。染香子忽然发现：佛门名僧智朴长期居住在的"青沟"寺，又叫"青沟"禅院，在这里写有许多诗篇。染香子不免又犯了痴性，他在脑海中浮想联翩："大荒山—无终山—青沟寺"，这是多么幽远寂静的神秘景象啊，哦，名字稍微变化一下："大荒山—无稽崖—青埂峰"，将来这是一个神话故事的神秘场所。

这次盘山冬游，可能还有意想不到的收获呢。想到这里，染香子放下书籍，窗外寒风呼呼地吹着，一部奇特的大书又出现在脑海中。这是最近经常涌现的场景，人物繁多，情节复杂，活灵活现，悲欢离合，时隐时现，以致经常影响他的情绪甚至睡眠。

乾隆五年二月初三凌晨，天刚蒙蒙亮，寒风阵阵，查为仁一行吃过早饭，乘坐一辆极其普通的马车，从水西庄出发，前往蓟州盘山。正如原来所说"轻车简从"，这次只有一个仆人兼马夫，出镇海门，渡浮梁，经北仓，中途遥望杨村，薄暮时抵崔黄口止宿。一路上，年轻的染香子心情最为激动，从车窗不停向外观望，有时忍不住提各种问题。查为仁十分理解，染香子经历坎坷，长期感情压抑，从来没有参加过什么旅游，更不用说在北方这次登山冬游了，看见什么都要感觉新奇，尤其就要攀登"大荒山"盘山，年轻人的心不免激动起来。

初四过青龙河入宝坻境至马家店，在茶棚寺小憩，寺内有著名的"浮钟"，这个名字实在奇特，僧人明如和尚介绍得知：这座"浮钟"相传自东海浮来，击之其声清越，"云风雨能自鸣"，实在是神奇。大家来到寺院中庭看到有石碣二，分别建于明正德、万历年间。查为仁提议，在马家店茶棚寺一游要留下纪念，四个人联句。这次联句简单一些，共联一首五律。在座的表示同意，由查莲坡起头，这是染香子第一次与诗坛大家联诗，心里不免有些紧张，当然他是最后一句了。

随意留精舍（莲坡），茶瓯洗客烦。严风号独木（导江），淡日闭三门。坏色缁衣净（对鸥），禅心香印存。坐来忘世事（染香），不厌鸟声喧（莲坡）。

联句完毕，查为仁满意地点头，诗句由染香子抄写粘在茶棚寺壁上，大家离开茶棚寺歇息。

初六早起，查为仁一行自宝坻来到盘山脚下。他们从莲花岭进山，过莲花池、玉龙洞，这时天气虽然晴朗，但是在山区，北风呼啸十分寒冷。沿途几乎没有什么游客，十分幽暗恬静。行不远，就见迎面巨石上刻"四正门径"几个字，在请来的导游竹堂和尚带领下，查为仁一行先后游览了众多的寺庙。众人大开眼界，这里简直是佛的幽静世界，博大精深的佛教教义在这里得到体现。

沿盘曲石磴山路，步步登高，跨过"仙人桥"，迎面即为江山一览阁，原为乾隆皇帝替身僧云海法师所建；两棵植于唐朝的银杏树比翼而起，令人赞叹的是，两棵银杏树居然同样粗、同样高，都有数丈高。查为仁上前用手臂环绕树干，需要两个人才能够围拢。

　　查为仁与陈皋、朱岷兴致勃勃，走在前面，不时向导游竹堂和尚询问。导游详细介绍这些寺院以及各景点的来龙去脉、历史典故和逸闻趣事。染香子怀着敬畏的心情一路行走，目不暇接，听着这些奇妙的解说，仿佛来到仙境，又仿佛身在梦中。

　　游览这些寺院景点之后，查为仁一行都有些累了，返回天成寺休息，准备第二天的活动，寺名即取"天成画图"之意。这里食宿都是很方便的，环境也不错。虽是佛门素斋，好在车上准备了好酒，仆人一路背上山来，大家喝些酒祛风寒，食欲大增。现在尚在冬末春初，游人稀少，更无住宿之人，环境更为优雅安静。

　　查为仁在这夜深人静的山区，受到浓厚的佛教气息感染，酒后诗兴大发，提议联诗一首，留作纪念。大家响应，本来都有诗意萌发嘛，这次是由朱岷朱导江开头。联诗曰：

　　月照诸峰静（导江），山深生夜寒。断崖明积雪（对鸥），细涧落幽湍。清极意无睡（莲坡），吟多兴未阑。凭阑惜不去（染香），还待佛灯看（导江）。

　　染香子又乘兴写了一首天成寺的诗。在万松寺也有感而发，写下以《万松寺》为题的一首诗。

　　查为仁等看了这首诗都纷纷称奇叫好，评价是"深沉隽永"，在一旁的竹堂和尚连连双手合十说道："这诗自然是写得好的，难为这位染香子年纪轻轻，佛学用语掌握得怎么这么清楚？用来轻松准确？看来这位年轻的施主莫非与佛门有缘？"

第二天又开始了新的游览，查为仁执意要去拜访智朴大师的墓地，亲自祭拜这位名僧。竹堂和尚带领众人绕道专程来到青沟寺院，一路上介绍了智朴和尚传奇的一生。

智朴和尚本姓张，江苏徐州人。他小时候就非常聪明，读过很多书，学识渊博，尤其喜爱写诗。15 岁出家为僧法号智朴，又号拙庵。康熙十年（1671 年），35 岁的智朴来到盘山，被自然壮观的景象深深吸引，在环境清幽的青沟结庐而居。自从智朴在这里经营起"青沟禅院"后，野兽纷纷逃避。那时盘山无志，智朴就广泛搜集资料，漫山遍野地考察碑文石刻，10 年完成《盘山志》，成为全面记录盘山的第一本志书，并且有很浓厚的文学色彩。康熙皇帝九次到过盘山，都要与智朴和尚互相唱和诗词，留下了不少诗篇。

康熙二十五年（1686 年）十二月初一，寒冬季节康熙皇帝来到盘谷寺。智朴和尚非常高兴，口占一首，表达自己的心情。诗曰：

冷静峰头云来香，六龙车驾幸山唐。

百年胜靓唯今日，块雨条风祝我皇。

康熙皇帝听了智朴和尚的颂诗也非常高兴，不但亲题"盘谷寺"并和诗一首，表达了对智朴辛劳的尊重之情。

康熙皇帝还挥笔赐予盘谷寺一副对联：

山从人面起，云向马头生

查为仁一行一边听一边在山路爬行，辗转来到智朴和尚墓塔前，深施一礼，默默地为智朴和尚祈祷，并作诗留念。查为仁深情赋诗一首《清沟怀拙庵和尚》，诗曰：

闻说青沟好，相将渡碧溪。
到门山色净，绕屋水声齐。
石罅穿松鼠，林端斗竹鸡。
老僧何处去？只有白云楼。

离开智朴和尚墓塔后，众人沉默地走了一会儿。在东西浮青岭之间山谷中，转过一个山口，映入大家眼帘的是什么？是一块巨大的石头。竹堂和尚站住，郑重高声介绍："这就是盘山著名的元宝石，重八万余斤。"

染香子忽然见到一块巨大的石头出现在眼前，心中微微一动。抬头观看：两边是险峻的陡壁，清秀的峰峦，一棵青松斜插在岩石。再看涧谷中弯曲的小溪，当道横卧这一巨石，长数丈，高丈余，上宽下窄，形同元宝，因而名元宝石。染香子继而又发现：这巨石上面仿佛还有字呢，好奇地凑上前去，想看清楚一些。只见上镌："此地有崇山峻岭，怪石奇松。"

竹堂和尚郑重介绍："古代一位举人经过这里，被盘山的美景吸引住了，想用一句话来概括盘山的胜景，便借用了晋代著名书法家王羲之《兰亭序》中有'此地有崇山峻岭，茂林修竹'一句，留下'此地有崇山峻岭，怪石奇松'题字。元宝石有着神秘的才气，如果去摸一下元宝石，定会带来好运气。"

众人听了介绍，看到这个有字的巨石，十分好奇，连称"难得！难得！"竹堂和尚接着介绍：早年传说盘山是女娲炼五色彩石的地方，这块著名的元宝石，就是女娲炼石补天未用的一块！

查为仁笑了说道："我写有一首关于女娲补天的诗，你们听这一首：

女娲再世岂无缘，炼石难修离恨天。

帝子漫劳临洛水，宓妃虚拟坐芝田。

伤随春至花偏艳，悲共秋来月更圆。

浪说长房能缩地，凡材无路觅神仙。

"女娲补天？这是道家的故事啊，盘山这里是佛门世界，怎么会出现道家的传说呢？"

竹堂和尚介绍，这不奇怪！历史上佛教、道教在盘山交替发展，竞相传播，相互争雄。根本不矛盾啊，甚至互为交融，过去山上还有一座女娲庙呢！

大家议论纷纷，只有染香子站在"元宝石"旁，两手摸着巨石，元宝石——女娲炼石补天未用的一块，不远处青松斜挂，这就是木石前缘。啊，自己就像这弃在深山的石头，不但无才补天，甚至隐姓埋名连姓名都给弄丢了。是啊，天生我材必有用。我就是想在巨石上面写一部大书，写一部石头奇书……

查为仁一行继续在山路上踏雪行走，不久来到著名的少林寺东面，多宝塔龙头山下的龙池，石壁上凿出一条红龙。夏秋季节这个龙池满满的一池水，每当微风徐来，池水荡漾，倒映池中之红龙就活了起来，犹如真龙戏水，美不胜收。

游览过多宝塔以后，查为仁诗兴大发，写有《踏雪至少林寺观多宝塔》。

游览了大雄宝殿、观音殿、天王殿，朝拜进香。钟楼和鼓楼，坐落在大雄宝殿的两侧，两座楼造型巧妙，巍峨雄伟，可以称为建筑珍品。晨钟暮鼓在深山中敲响，多么令人向往的佛门世界啊！

查为仁令染香以少林寺为题赋诗一首，染香子本来就感触万分，于是也不推辞，有感而发，作《盘山少林寺》。

告别少林寺继续前行，可以仰望盘山的主峰——挂月峰。

上方寺主持百迢和尚在寺外合掌欢迎，拿出寺内准备的棉袈裟，请施主披在身上，一起观看高山雪景。极目远眺眼界大开，白茫茫一片，远方的高山尽收眼底。顿时觉得天地万物就在自己的脚下，云气山色瞬息万变，云海升腾雾锁山林，临风抒怀飘飘欲仙，满树晶莹剔透的树挂，演变成一片林海雪原。

在上方寺里，香烟袅绕。百迢和尚为大家宣讲了佛法教义，独到的见解使众人听得津津有味。

查为仁一行下山途中再宿天成寺，查为仁感慨万分，写下《再宿天成寺》。

第二天早上，一行人就要离开盘山了，众人心里百感交集，查为仁一行的盘山冬游就这样结束了，年轻的染香子对于佛学的理解得到一次升华。查为仁从盘山回来接下来的几个月整理途中唱和联句之作，撰出《游盘日记》一卷，计有查为仁诗 25 首、朱岷诗 9 首、陈皋诗 23 首、染香诗 11 首。

其二，游北京之西山。

乾隆六年（1741 年）早春二月，查为仁以事入都，并游西山。

这次同行的有大诗人余懋櫋（荆帆）、大画家朱岷（仑仲）以及年轻的陆宗蔡（染香子）。

到了北京，查为仁一行冒着风寒，游览了向往已久的北京西山名胜。在卧佛寺查为仁一行虔诚拜访了大名鼎鼎的主持青崖和尚，这位主持在雍正、乾隆时期名声极高，得到雍正皇帝"赐紫衣四袭"。乾隆皇帝"屡示诗章"的赏赐，怡亲王弘晓都备好衣钵请青崖和尚开坛说戒。

查为仁一行离开卧佛寺，沿着一条山路前行，勘宗和尚边走边介绍：此地名叫樱桃沟，是一条外广内狭的幽静峡谷，两侧是秀挺峻拔的山峦，峰高沟深，奇石磊磊，明代于山涧两旁遍植樱桃树，因而得名；如今樱桃树已不复当年盛况，地名却流传下来。

勘宗和尚继续介绍，樱桃沟的小溪中有一种黑色的石头称眉石，也叫黛石。据说此石可以画眉，但不脏手，也不会染黑衣物，可谓"质本洁来还洁去"。

勘宗和尚说着低头弯腰，略一寻觅，捡起一块小石头说，这就是黛石。染香子赶忙上前接过来，仔细看看这普通又神奇的西山"黛石"，若有所思。忽然抬头又一惊：看见不远处一个奇景——元宝巨石。心中猛然一动，怎么这里也有元宝石？连忙将"黛石"放入怀里，上前快步走到元宝巨石旁边，轻轻叩敲。

勘宗和尚跟上来，对大家介绍，这就是樱桃沟水源头旁的一景：元宝遗石，状如元宝……

勘宗和尚接着指向不远处介绍道，元宝遗石的南侧，还有一块高约二三丈的巨石，在石头的底部，有一凹陷的小坑，坑内里常年积有一泓泉水，清澈甘洌，水满不外溢，天寒不结冰，坑中泉水滋润着石上千年古柏的根须。此树人称石上松……

大家好奇地走上前观看这一处奇观，只见一块青石高约两三丈，巨石浑体一根草都不长，可是底部竟然挺立着一棵苍劲的古柏。当地人称它为松。古柏卷虬的根须外裸，为什么还能活？原来是它的主根扎进巨石里，并把巨石撑开一条大裂缝，根须一直穿透石底，裂石底下凹陷一穴，穴有脸盆大小，并积有一泓泉水。奇怪的是这掬清泉既不外溢，也不结冰。

走到尽处是水源头，"元宝遗石"被南侧的参天古松的树根死死抱住，盘根错节，壮观了得。当地相传"石上松"是代表了生死不离的"木石前盟"，代表刻骨铭心的生死爱情。

"黛石—元宝巨石—石上松—木石前盟"，这一切美妙的景色深深打动了在场每一个人的心，尤其是年轻的染香子，怀揣着"画眉黛石"心潮澎湃，涌动着一幕幕新奇的想法……

第二天，查为仁一行告别卧佛寺，依依不舍结束了这次西山之游。

这些北京西山冬游杂诗结集出版，由于这次西山游是在冬末春初，一些著名学者写诗作序时也习惯称"西山春游"。

《红楼梦》是在天津写成的

我们在研究运河水西庄时，发现了水西庄与大观园紧密联系，进一步发现"苏州孤儿"这一神秘人物，当这个"孤儿"被迫离开水西庄消失后，"曹雪芹"凭空出现。乾隆十九年（1754年），《红楼梦（石头记）》甲戌本出现，作者曹雪芹闪亮登场。这是一个极其大胆的行动，作者终于认祖归宗了。在此同时，大名鼎鼎的染香子凭空消失，人间蒸发，无影无踪。作者曹雪芹十分留恋十几年水西庄的生活，因此在不违反"真事隐"原则下，将水西庄轩馆名称（比如藕香榭、秋白斋）、白雪红梅、菊花诗社、孝贤皇后驻跸——隐写入书中。为了能使后人"解其中味"，曹雪芹更加大胆地将自己最珍惜、使用时间最长的号"染香"隐藏在书中，这就是大观园首个景点"沁芳"。除了这些以外，最有说服力的证据即"著书黄叶村"。

曹雪芹的好友敦诚有诗写给曹雪芹，其中有一句"不如著书黄叶村"。此前学术界不知道黄叶村在何处，故主观臆断认为诗中的"黄叶村"应该是北京西山卧佛寺西南的正白旗村，也就是曹雪芹晚年居住的地方（现曹雪芹纪念馆所在地）。但根据史料记载，黄叶村应是天津城北西沽村，清道光年间这个名字仍然在流传，黄叶村村后与丁字沽连边，位于北运河西岸，随河流曲折而形成。黄叶村是曹雪芹著《红楼梦》的地方，那么根据逻辑学上的三段论推理是否可以得到"西沽是曹雪芹著《红楼梦》的地方"的结论？《红楼梦》和天津究竟有着怎样的联系呢？《红楼梦》里还有多少天津元素呢？

敦诚是曹雪芹最重要的朋友，他们的交往最早、时间最长，记述最完整，是研究曹雪芹生平、身世的重要史料。其中《寄怀曹雪芹（霑）》一诗极为重要，诗曰：

少陵昔赠曹将军，曾曰魏武之子孙。

君又无乃将军后？于今环堵蓬蒿屯。

扬州旧梦久以觉，且著临邛犊鼻裈。（原注）雪芹曾随其先祖寅织造之任。

爱君诗笔有奇气，直追昌谷破篱樊。

当时虎门数晨夕，西窗剪烛风雨昏。

接篱倒着容君傲，高谈雄辩虱手扪。

感时思君不相见，蓟门落日松亭樽。（原注）时余在喜峰口。

劝君莫弹食客铗，劝君莫扣富儿门。

残杯冷炙有德色，不如著书黄叶村。

此诗写于乾隆二十二年（1757年），这就可以证明，曹雪芹在乾隆二十一年（1756年）还在黄叶村（西沽）居住写书呢。我们尝试对这些史料进行解读，诗中有关史料怎么来的呢？应该是曹雪芹本人吐露给敦诚的，因为那时没有其他信息的来源，敦诚也不可能进行什么外调或考证。

诗中介绍曹雪芹居住的环境是在"环堵蓬蒿屯"。环堵，古称贫家屋舍狭小为"环堵之室"。屯，指村庄。这里有山区的意思吗？没有一点山区的意思，应该就是指一个普通的村庄。

"黄叶村"应该是曹雪芹自己介绍写书的地点，当时曹雪芹应该不愿意暴露自己居住的真实地点西沽，但是对朋友又不能不谈到居住地，只能介绍西沽的别名"黄叶村"，这是文人的潇洒。敦诚则根据曹雪芹自己的介绍，呼吁曹雪芹"著书黄叶村"是很自然的。

现在有些红学家将"黄叶村"加上一个山字变成"黄叶山村"，这似乎是很不妥的。

天津西沽历史悠久，因地处沽水（今北运河）之西得名。南北大运河开通后，西沽一带成为南北漕运的水路要道，设有码头。清乾隆时期西沽村商铺林立、船只往来，一派繁华商埠景象。

引人瞩目的是，西沽在历史上曾经又名"黄叶村"。清朝天津文人李庚辰著《醉茶志怪》，明确记载："西沽旧名黄叶村，老人犹有知者，近日莫传也。道光年间有乩仙诗云：'僧归黄叶村中寺，人唤斜阳渡口船。'自注云：'黄叶村即西沽'。"

这则史料很重要，明确写出西沽又名黄叶村，白纸黑字而且不是"孤证"，请看另一则史料。清朝康乾时期著名诗人查曦在天津生活多年，写有诗篇《东沽野酌》，诗曰：

黄叶村前带酒歌，夕阳欲落晚风多。
人家两岸临秋水，坐看牛羊乱渡河。

东沽盖对西沽而称，二沽相连，诗人在东沽村前野酌，恰看到西沽的景象。从地理位置上看，就是今天天津的窑洼地区。

西沽又名"黄叶村"。人们立刻想起敦诚寄怀曹雪芹的诗句："不如著书黄叶村。""著书黄叶村"，难道这里真与曹雪芹有关？

著名红学家周汝昌先生非常感兴趣，曾经以《西沽黄叶村》为题写道：

西连丁字落津门，谁识曾名黄叶村？
也是春芳与秋丽，宋辽遗迹此间存。

我们再来梳理一遍时间线：

乾隆九年后，曹雪芹（染香子）开始撰写《红楼梦》，这时他尚在水西庄避难居住，有一个安静幽雅的环境。乾隆十五年前后，水西庄被定为"皇帝行宫"，原来住在园中的染香子被迫离开水西庄，来到不远处西沽（黄叶村）居住，继续写作《红楼梦》，从此染香子这个名字销声匿迹，不再出现。曹雪芹，以新名字开始登场，进入社会。清朝时期的户籍制度非常严格，必须有新的名字进行登记。

乾隆十九年（1754），《脂砚斋重评石头记》抄定本现世，这是最早存世的版本"甲戌本"，曹雪芹三字赫然出现在书中正文，将"染香"隐藏在书中最重要的景点"沁芳"之中，他自以为天衣无缝，实际上惹来大祸，开始东躲西藏。

乾隆二十二年，敦诚有《寄怀曹雪芹》诗。相劝勿作富家食客，"不如著书黄叶村"。说明此时雪芹尚在"黄叶村"写书。乾隆二十三年（1758 年），友人咏及雪芹，这期间曹雪芹沿运河来往于天津、北京之间，寻求友人的支持。乾隆二十五年，曹雪芹应是被迫到北京西山"管制"居住，外出探亲访友时需要向有关部门告假，后于乾隆二十七年（1762 年）除夕去世。

根据这些史料分析，曹雪芹（染香子）的足迹是比较清晰的，来往于天津、北京之间，沿着北运河十分方便。在这期间《红楼梦》已经大部分完成，脂砚斋正在帮助紧张修订之中。但风云突变，曹雪芹认祖归宗酒后失言，暴露了自己身份"来历不明""潜逃罪犯"惹来大祸。要知道清朝的户籍制度相当完善，于是他不得不东躲西藏，影响了《红楼梦》的最后完成。

还有一个有趣的问题：如果曹雪芹的少年、青年时代是在水西庄查家度过的，年龄由十五六岁到二十八九岁，他的爱情和婚姻也一定与水西庄查家有关。

关于曹雪芹的个人生活，有一个更为大胆的假设：曹雪芹离开水西庄时，带走了查为仁的贴身侍女，也有的史料称其为查为仁的"侍妾"，这就是宋贞娘。这样的说法有依据吗？这可不能随便说，我们是根据以下史料得出的结论。

根据之一是查为仁的婚姻记录。查为仁先后娶纳过六位妻妾。查为仁于乾隆十一年三月写道："夜梦双凤自空而下，栖息屋边，各衔一玲珑金色篆字，一'贞'一'福'，掷之而去。后来买有两妾，问其小字，一曰贞，一曰福，惊喜与梦合，字之曰贞娘、福娘。"但《支谱例言》有规定："妾书侧室，有子女则书，无子女不书；无子女而能矢节烈亦书。"宋贞娘既无子女，也非节烈妇，故《查氏支谱》未载。这个史料记载豆蔻年华的宋贞娘来到年过半百的查为仁身边，仅仅过了两三年查为仁即去世，在查为仁死后宋贞娘并没有守节，而是离开查家自寻出路。

根据之二，染香子与宋贞娘年龄相当，有共同爱好：写诗与同台参与演戏。宋贞娘是个女诗人，自取号"草亭"，生性活泼，喜爱演戏，这点与染香子一致，染香子是诗词高手。宋贞娘自己取号"草亭"，与陆宗蔡（染香子的对外名字）有关，就是因为"蔡，草也"（东汉·许慎《说文》）。乾隆十三年深秋，为送大诗人厉鹗离津，水西庄在于斯堂东堂演剧，染香子为宾客吹笛，宋贞娘参与演出。厉鹗和汪沆各有《东堂观剧》七绝四首记其事：

浣香乐句染香笛，不听清歌近十年。
今夕东堂竞丝竹，为渠惆怅罢艎船。
屏弯记曲有贞娘，合制筝床共笛床。
我亦中年感哀乐，何妨陶写百千场？

根据之三，曹雪芹"有文无行"。关于曹雪芹的文字史料，大多有一条这样的记录，即谈及曹雪芹在某王府（富户）做西宾时与主人的婢女有染，后来被赶出王府（富户）。传到国外的资料《红楼梦的秘密》中披露，写书的动机是因为作者与某府中一婢女"通奸"而失宠，故作书"披覆"。

根据之四，在水西庄研究中，笔者意外地获得了查氏后人主动提供的私家秘闻，是外人绝不可得而知的史迹线索。

简单地说，其要点有三：

第一，曹家获罪后，雪芹年龄很小，曾寄居查家避难。

第二，雪芹的才学、手笔高出流辈，因此给查家做过文牍一类的事务。

第三，雪芹后有一侧室就是查家某女而嫁与他的。

根据之五，敦诚"寄怀曹雪芹"诗，记述了曹雪芹离开水西庄，来到北运河边的西沽黄叶村，开始了新的清贫生活，继续创作《红楼梦》。

曹雪芹著书黄叶村，而西沽又名黄叶村，这个推理逻辑是可以成立的。加上"大观园的主要原型是水西庄"和"曹雪芹避难水西庄"，这样就比较完整地再现曹雪芹的人生路标。如果这个推论得以继续充实完善，世界名著《红楼梦》与天津的渊源就会更加清晰。让我们拭目以待。

本章的参考著作和文章:

1. 曹雪芹:《脂砚斋重评石头记》,上海:上海古籍出版社,1979。

2. 周汝昌:《曹雪芹小传》,天津:百花文艺出版社,1980。

3. 蒋和森:《红楼梦论稿》,北京:人民文学出版社,1981。

4. 曹雪芹,高鹗:《红楼梦》,北京:人民文学出版社,1982。

5. 邓云乡:《红楼识小录》,太原:山西人民出版社,1984。

6. 舒成勋,胡德平:《曹雪芹在西山》,北京:文化艺术出版社,1984。

7. 胡适:《胡适红楼梦研究论述全编》,上海:上海古籍出版社,1988。

8. 李庆辰:《醉茶志怪》,天津:天津古籍出版社,1990。

9. 王守恂:《天津县新志》,天津:天津古籍出版社,1990。

10. 严中:《红楼丛话》,南京:南京大学出版社,1991。

11. 厉鹗著,董兆熊注:《樊榭山房集》,上海:上海古籍出版社,1992。

12. 汪茂和点校:《查继佐年谱,查慎行年谱》,北京:中华书局,1992。

13. 周汝昌:《曹雪芹新传》,北京:外文出版社,1992。

14. 冯精志:《大观园之谜》,北京:北京燕山出版社,1993。

15. 梅成栋纂，卞僧慧，濮文起校点：《津门诗钞》，天津：天津古籍出版社 1993。

16. 冯精志：《曹雪芹披露的故宫秘闻》，北京：中国文联出版公司，1995。

17. 朱一玄：《红楼梦人物谱》，天津：百花文艺出版社，1997。

18. 胡文彬：《冷眼看红楼》，北京：中国书店出版，2001。

19. 刘尚恒，张文琴：《天津查氏水西庄研究文录》，天津：天津社会科学院出版社，2008。

20. 天津市红桥区文化局：《天津西沽史话》，天津：天津社会科学院出版社，2011。

21. 天津市红桥区文化局：《黄叶村故事》，天津：百花文艺出版社，2013。

22. 查为仁：《莲坡诗话》《蔗塘未定稿》《赏菊唱和诗》《澹宜书屋六咏》，天津图书馆张文琴提供电子版，水西庄私家刊刻。

23. 查礼：《铜鼓书堂遗稿》，天津图书馆张文琴提供电子版，水西庄私家刊刻。

24. 《宛平查氏支谱》，由水西庄查氏后裔查保伟先生提供。

25. 《熙朝雅颂集》《弘晓·明善堂诗集》《道古堂诗集》《随园诗话》《清史稿》，由叶修成教授提供电子版。

26. 曹雪芹，高鹗：《红楼梦》，西安：三秦出版社，1992。

27. 曹雪芹，高鹗：《红楼梦（第三版）》，北京：人民文学出版社，1964。

人鬼弈博

《西游记》篇

唐僧　　　　　　　　插图 李伟

丘处机西行与《西游记》

《西游记》的作者是《射雕英雄传》里的丘处机吗

《西游记》的作者是谁？如果在中国任何地方随机采访，问《西游记》的作者是谁，相信很多人都能顺利回答出是吴承恩。但是如果100年以前拿同样的问题，去问那些识文断字的先生，得到的回答却不是吴承恩，而是丘处机，《西游记》的作者是丘处机。

100年前的鲁迅先生在谈到明朝神魔小说时也说："又有一百回本《西游记》，盖出于四十一回本《西游记传》之后，而今特盛行，且以为元初道士丘处机作。处机固尝西行，李志常记其事为《长春真人西游记》，凡二卷，今尚存《道藏》中，惟因同名，世遂以为一书；清初刻《西游记》小说者，又取虞集撰《长春真人西游记》之序文冠其首，而不根之谈乃愈不可拔也。"这段话的意思是说：明代又出现了一个一百回本的《西游记》，而这本书是源自四十一回本《西游记传》的，但是现在盛行的说法是百回本

《西游记》是丘处机所著，而丘处机也确实有西行业绩，李志常将其西行见闻和座谈的内容整理成书，就成了《长春真人西游记》；其实就因为两本书同名，才让世人以为是一码事，混为一谈；清朝初期《西游记》再度出版，并且把《长春真人西游记》的序言放在书正文之前，使这个没有根据的误传，就更难以更正了。

四大名著以及中国其他传统名著都有一个共同的特点，就是他们早年都是在民间流传的各种故事、话本，被无数民间艺人和作者整理、讲述，口耳相传，然后在某一个时间节点经某文人、作者编纂，再形成一部经典名著。耿柳（国家一级导演，辽宁省曲艺家协会副主席）撰文指出，北宋钦宗靖康二年（1127年）的《东京梦华录》中，记录了"霍四究说三分"的场面。"说三分"即讲述东汉末三分天下的故事。勾栏瓦肆中的职业说唱艺人，把滥觞于民间野史的梁山好汉故事、三国鼎立故事、唐僧取经故事敷演成篇，有文人记录整理的宋元话本《大宋宣和遗事》《三国志平话》和《大唐三藏取经诗话》传世。话本中的"智劫生辰纲""杨志卖刀""宋江杀惜""桃园结义""三战吕布""三顾孔明""关公斩颜良""大闹天宫""打白骨虎精"等情节，后来都被小说吸收。

《西游记》也不例外，它也是历经了无数民间艺人和作者的努力，于明朝中叶，由明代小说家吴承恩编撰而成。但是，吴承恩本人却并没有因为这部小说的流传而爆火，甚至"明代小说家"这个称号也是我们今人冠以的，在当时，吴承恩虽然历经万难地完成了一部流传后世的伟大作品，但是他却依然做他的八品小吏，在偏僻的县城，最多是县志里记下一笔。在县里边或许还有一点知名度，如果放眼中原大地，便没有人知道谁是吴承恩。

为什么那时民间便流传《西游记》是丘处机所写所做的呢？丘处机是谁呀？

今天的人们，尤其是年轻人，知道丘处机应该是在金庸的武侠小说里。在《射雕英雄传》里，他是这么出场的：

（郭啸天、杨铁心、包惜弱）三人喝了一会酒，只见门外雪下的更大了，热酒下肚，三人身上都觉得暖烘烘的，忽听得东边大路上传来一阵踏雪之声，脚步起落极快，三人转头望去，却见是个道士。那道士头戴斗笠，身披蓑衣，全身罩满了白雪，背上斜插一柄长剑，剑把上黄色丝条在风中左右飞扬，风雪满天，大步独行，实在气概非凡。

……

（郭啸天、杨铁心、邱处机）三人坐定，郭、杨二人请教道人法号。道人："贫道姓邱名处机……"。杨铁心叫了一声："啊也！"跳起身来。郭啸天也吃了一惊，叫道："这莫不是长春子吗？"丘处机笑道："这是道侣相赠的贱号，贫道愧不敢当"。郭啸天道："原来是全真派大侠长春子。真是有幸相见。"两人扑地便拜。

丘处机急忙扶起，笑道："今日我手刃了一个奸人，官府追的很紧，两位忽然相招饮酒，这里是帝王之都，两位又不似是寻常乡民，是以起了疑心。"

……

丘处机指着地下碎裂的人头，说道："这人名叫王道乾，是个大大的汉奸，去年皇帝派他去向金主庆贺生辰，他竟与金人勾结，图谋侵犯江南，贫道追了他十多天，才把他干了。"郭、杨二人久闻江湖上言道，长春子丘处机武功卓越，为人侠义，这时见他一片热肠，为国锄奸，更是敬仰。

……

（丘处机道）"……十年之后，贫道如尚苟活人世，必当再来，传授孩子们几手功夫如何？"

……

丘处机道："金人窃据北方，对百姓暴虐之极，其势必不可久，两位好自为之吧。"举起酒杯，一饮而尽，开门走出，郭、杨二人待要相留，却见他迈步如飞，在雪地里早已去的远了。

这哪里是道士，妥妥的一尊为国锄奸的大侠。

真实的丘处机生活的年代是金末元初，也就是金代的晚期、元朝之前的蒙古汗国时期。其生于1148年，卒于1227年，字通密，登州栖霞人（今属山东烟台），是个道士，道号长春子，全真教掌教，是思想家、政治家、文学家、养生学家和医药学家，并不是一个武术家。难得的是，丘处机是南宋、金代、蒙古汗国统治者以及黎民百姓所共同敬重的一个人。朝野敌我都敬重，这可就难了，而恰好丘处机就是这样一个人。

丘处机自幼家贫，自幼便失去双亲，19岁时独自去昆仑山烟霞洞修行。第二年的九月，拜陕西终南山道士王重阳为师，后又随马丹阳修行。经过多年的潜心修行，以及对养生学、道学的研究，在与各地文人的交往中获得了丰富的历史、文化知识。金大定二十八年（1188年）三月，丘处机应金世宗的召唤，从陕西来到燕京。奉旨为王重阳、马丹阳塑像，立于官家庙宇，并主持了一个法事，于是在金朝，在燕京及燕山地区名声大振。

金朝是中国的一个朝代，整个燕山及其腹地的广大地区，也就是燕赵大地那时都是金国的地盘。再往前说，大清河、海河便是北宋和大辽国对峙的边界，所以海河、大清河以北的天津、北京、整个燕山地区，从来不是北宋属地。后来金国灭了辽国，并且越过了大清河、海河一线，将燕赵大地变为金国地盘。在这一时期，燕京城内外，道教文化氛围还是非常浓厚。

在金庸笔下，丘处机不是南宋的大侠吗？他不是视金国为敌寇的大侠吗？为南宋除掉投金汉奸的大侠，怎么会应了金国皇帝的邀请做法事了呢？前者是金庸的小说，后者才是真实的历史。按小说里说，"金人窃据北方，对百姓暴虐之极"，试问，帝王专制下的哪个朝代对百姓好过？历史的事实跟文人的情怀、普通人的向往往往是相悖的；小说是虚构的，它满足了作者的一种心态；历史是真实的，不以谁的意志为转移。在丘处机生活的那个年代，北宋灭亡了，金国统治了半壁河山，他作为芸芸众生中的一员，不是宋朝的子民，便是金国的子民。丘处机之所以成为宋朝、金朝、蒙古帝国和黎民百姓都推崇的人物，自然是他个人行为使然。那他是怎么做到的呢？

丘处机的"西游"和成语"一言止杀"

成语是中华文化的瑰宝，每一个成语背后的故事，便是一段历史的故事。成语"一言止杀"说的便是丘处机，长春真人丘处机，被称为祖师爷的丘处机。丘祖指的就是他。那他是哪个行业的祖师爷呢？他是全真教的祖师爷，在全真教历史上，丘处机的地位相当高，或者说，他的地位是王重阳之外最高的，才被称作丘祖。1222年，丘处机应召在西域拜谒成吉思汗，当面向成吉思汗建议停止杀戮，成吉思汗听从了丘处机的劝告，丘处机拯救了黎民百姓，功莫大焉。

2013年，有一部根据这个成语故事拍摄的影视作品《止杀令》上映，讲述全真教道长丘处机西行力劝成吉思汗止杀东归的真实故事。将丘处机规劝成吉思汗班师东归的千古之谜首次呈现在了大银幕之上。

为什么把丘处机西行和成吉思汗东归这一段说是"千古之谜"呢？

丘处机生活的年代，正是蒙古铁骑在成吉思汗的率领下，打遍天下无敌手的时代。全真道的领袖们，在金庸的武侠小说里边，个个都是武林高手。全真七子，实际上就是他们创教教主王重阳的七个徒弟。七个徒弟创造了七个门派。七个徒弟中，丘处机是最厉害的一位，在武侠小说当中，他是全真七子中武功最高强的一位。在真实的历史中，丘处机也是全真七子里的佼佼者，但是这个佼佼者，更多的是就他为全真教作的贡献而言，并非他武功有多强。武侠小说把他们塑造成武林高手，实际上他们不是武林中人，而是道教中人。在传教，在修为，在社会影响力等方面而言，丘处机是自王重阳以来，几百年影响最大的、最有作为的真人。

有些人不了解道教，只知道"无为而治"，但事实上不是这样的，每个时代、每个掌门人对有为与无为的要求是不一样的。早期的道教，教旨以无为为主。无为，就是要求道士注重修为，生活清苦，靠化缘、乞食为生，不刻意地去营造宫观，不与上层统治者打交道。后来王重阳去世以后，到了刘处玄掌教的时候，教旨就有所变化，变为无为有为各占一半，传教的范围扩大了，名声也就大了，被朝廷重视了。等到了丘处机任掌教以后，他更强调了有为。丘处机的道教宗旨是"有为十则九，无为虽有其一，犹存而勿用焉"。他的宗旨就是积极向朝廷靠拢，争取朝廷的承认和重视，并且开始尽力去游说各方营造道观。所以，金朝统治者对丘处机十分重视。金世宗曾经召丘处机进京（燕京，今北京）问道，并且委托他做法事，从此丘处机名声大噪。请注意，丘处机这是在燕京，即金国首都，应了金国世宗皇帝的邀请，其名声大噪是在金国名声大噪，而此时的金国统治着淮河以北、秦岭以东、北到外兴安岭的广袤疆域。

丘处机生活的年代，正是南宋、金、蒙古国并存与交替之际。三方统治者出于笼络人心的需要，都在积极地争取民间势力的支持。此时全真教势头很猛，所以这几方也都积极争取全真教的支持。1214 年，金宣宗放弃中都燕京（今北京），迁都汴京开封府（金国的南京）。1215 年，成吉思汗率领蒙古军劫掠并占领了金中都北京。金国失去大半河山。

1219 年，金朝与南宋先后派遣使臣来到山东栖霞，请丘处机出山，但是丘处机没答应，没应召。没过多久，远在西域征战的成吉思汗也派来了使臣召丘处机。丘处机审时度势，他当然知道哪一方势力最大，哪一方最厉害，他也预见到未来天下有可能是成吉思汗的，所以他认为这是发展全真教的大好时机，立刻应召。立刻应召，是不是有点儿机会主义的色彩呀？他曾经应金国皇帝的召，曾经在金国名声大噪，现在金国不行了，蒙古国崛起了，就应蒙古国之召，的确颇有机会主义的意味。这时候他已经70多岁了，不辞辛苦，率领18名弟子，往西而行，跋涉万里，赴西域雪山行营去拜见成吉思汗，也就是今天的阿富汗兴都库什山一带。

这真是一次或者一系列历史性的会面。这么重要的会面，一定会有人把它记录下来。《元史》是这样记载的："己卯，太祖自乃蛮命近臣札八儿、刘仲禄持诏求之。处机一日忽语其徒使促装曰：'天使来召我，我当往。'翌日二人者至，处机乃与弟子十有八人同往见焉……既见，太祖大悦，赐食设庐帐甚饬。太祖时方西征，日事攻战。处机每言：欲一天下者，必在乎不嗜杀人。及问为治之方，则对以敬天爱民为本。问长生久视之道，则告以清心寡欲为要。太祖深契其言曰：'天赐仙翁以寤朕志。'命左右书之，且以训诸子焉。于是赐之虎符，副以玺书，不斥其名，唯曰神仙。"

这段话的意思是说，成吉思汗命令札八儿、刘仲禄两个人带着他的诏书去访求丘处机。丘处机在某一天忽然对他的徒弟说天使要来召我，我应该去。果不其然，第二天两个使者便到了，丘处机于是率领18名弟子一同去见。成吉思汗非常高兴，赐给他们美食和营帐。此时成吉思汗正在西征，每天都在打仗，丘处机就对成吉思汗说如果你要雄霸天下的话，一定要注意不能随便杀人。成吉思汗问他治国之道，丘处机告诉他以敬天爱民为本，成吉思汗向他寻求长生之道，丘处机告诉他要以清心寡欲为要。成吉思汗认为丘处机的话非常合他的心意，于是命手下人把丘处机的话都记录下来，用以教育子女，同时赐给丘处机虎符和玺书，并且从不直呼其名，而称其为神仙。

显而易见，丘处机是深谋远虑的，是有准备的，为什么南宋和金国请他，他不出山，成吉思汗请他，他便出山了。因为1219年，蒙古大军已经占领了北方，河北、山西的大部也被占领，金国已经被挤压在淮河以北，河北、山西以南狭长地带，可以预见其命运不久将休矣；而南宋也是被侵袭到只剩半壁河山，也是大势走衰的曲线。作为全真教掌教，丘处机想得非常透彻，他当然知道此时成吉思汗想要的是什么，所以这一次历史性的会见大获成功，收获满满。从此，成吉思汗命他掌管天下道教，免除道观和道士的赋税差役。

丘处机于1224年东归以后，没有回山东老家，回到的是燕京，就是今天的北京，回到的是成吉思汗和蒙古大军占领统治下的燕京，居长春宫。并以长春宫为活动基地，为全真教的掌教驻地，大力发展全真道。

丘处机以燕京为中心，派手下四处出击，跟随大军"赶大营"，不是做买卖，而是到各地营建宫观，全真教进入鼎盛时期。《元史》称："处机还燕，使其徒持牒召求于战伐之余，由是为人奴者得复为良，与滨死而得更生者，毋虑二三万人，中州人至今称道之。"此时燕京是道教文化的中心，救人当然也是道教文化的应有之义。

因为丘处机赢得了成吉思汗的认可，成吉思汗命他掌管天下道教，又免除了道观和道士的赋税、差役，那么道教在这个时期便是天下第一教，为强大势力所认可，当然就做大做强了，换句话说是有了官方的加持。除了大力发展道教，兴建道观以外，丘处机还不忘记救人。向善是道教的宗旨之一，他命令他的徒子徒孙们拿着道教的文件，行走于战乱不断的中原大地，帮助很多奴隶复归良民行列，很多将死之人被他们救下而得以生还。

丘处机是南宋、金朝、蒙古统治者以及黎民百姓都认可的真人，几乎就是完人了。为什么？第一，他跋山涉水，不远万里，过火山，过雪山，来到西域，见到成吉思汗，劝他在征战中不要随便杀人；第二，在蒙古大军征服中原的过程中，丘处机领导的全真教起到了救人性命的作用。这两项业绩使各方面对他都认可。

他用语言劝止杀戮的行为，形成了一个成语"一言止杀"。

成语"一言止杀"的语源，来自清乾隆皇帝。我们刚才说丘处机得到了南宋、金朝。蒙古国（元朝）和黎民百姓四方面的认可，其实他还得到了后世明朝、清朝的认可，也得到了金庸的认可，才有了金庸笔下形象那么高大的丘处机。丘处机在燕京统管天下道教，其办公的场所，便是长春宫。长春宫历经演变，成了今天的北京白云观。它在演变当中，在清朝也得到了认可。乾隆皇帝为此精心写了一副对联：

万古长生，不用餐霞求秘诀；
一言止杀，始知济世有奇功。

乾隆皇帝一生创作了几万首诗词，此一联竟为一成语而被载入史册。"一言止杀"成语的语源地，就是燕京。

丘处机"一言止杀"与谁是《西游记》作者有怎样的关联

我们从成吉思汗西征讲起。成吉思汗的名字叫铁木真，姓孛儿只斤，蒙古族人，1206 年被所在部落推举为成吉思汗，铁木真出生于蒙古贵族世家。由于当时蒙古贵族世家整体的落后性，所谓的贵族也只是一个部落的首领而已，不仅生活艰辛，而且充满危机。铁木真少年的时候，父亲就被害了，他只能面对艰苦的环境，努力奋斗，不屈不挠，最后终于崛起。他统一了草原的蒙古各部落，并于 1206 年建立蒙古国，宋开禧二年（1206 年）春天，蒙古贵族在斡难河（今鄂嫩河）源头召开大会，诸王和群臣推举铁木真为蒙古国的"成吉思汗"，这一年为蒙古国太祖元年。

1219 年是南宋宁宗嘉定十二年，金兴定三年，蒙古太祖十四年。五月，成吉思汗派使者携带诏书来到山东，邀请丘处机前往蒙古帝国相见，丘处机欣然应允。而之前南宋和金国均派使者请丘处机出山，丘处机均婉拒。六月，西域的花剌子模国，讹答剌城的海儿汗杀死了蒙古汗国的 499 名和平商人，其国王摩诃末还杀死了成吉思汗派去交涉的使者。这让成吉思汗大为恼火，此时他正率领蒙古大军讨伐西夏，他宁可暂时停止攻击西夏，也要抽调大军 20 万亲率西征。

1220 年，金兴定四年，蒙古太祖十五年，农历正月，丘处机挑选门人尹志平等 18 名弟子离开山东昊天观，启程北上，此时他已经年过 70 岁。

这一年三月，丘处机一行到达燕京，上表陈情，请求推迟行期，等成吉思汗东归后再行拜谒。当时奉命起草诏书的耶律楚材遵命"欲其速致"，不允停留，丘处机师徒遂跋山涉水、一路西去。由于路途遥远，气候地理条件恶劣，丘处机又 70 多岁高龄，所以此去西行，千辛万苦，而受累受苦最多的，应该是他的 18 名弟子。最终同他到达西域，见到成吉思汗的只五六人而已，大半弟子都因疲劳和环境而停在了路途上。辛巳年（1221 年）七月二十五日，丘处机一行抵达阿不罕山。次日，镇海来见，对丘处机说："前有大山高峻，广泽沮陷，非车行地，宜减车从，轻骑以进。"意思是说前面有高山峻岭，然后还有广袤的沼泽地，这些沼泽地不是车辆能够通过的，所以要减少随行的车辆，骑着马择路经过。丘处机听从劝告，留下了宋道安、李志常等 9 人就地宣教，择地建观。

1222 年，金兴定六年，蒙古国太祖十七年，农历四月，丘处机途经铁门关抵达"大雪山"（今兴都库什山）八鲁湾行宫觐见成吉思汗，实现了龙马相会（成吉思汗属马，丘处机属龙，这是今人的无聊比附）。同年秋冬，成吉思汗三次召见丘处机，询问治国和养生的方法，成吉思汗下诏耶律楚材将这几次的对话编集成《玄风庆会录》，但当时属于秘藏宫禁，鲜为人知，若干年以后才刊刻出版。

李志常、宋道安等人留在阿不罕山，直到 1223 年五月，丘处机东返途中经过阿不罕山时才与他们会合，这时时间已经过去一年多。丘处机带领他的弟子回到中原的时候，回到的是燕京（今北京），1224 年应邀主持天长观。

跟随丘处机一路西行的 18 名弟子，东归以后，根据一路上的西行见闻和在西域与成吉思汗的重要会见，集体创作写成了一本书，叫作《长春真人西游记》，执笔署名为李志常。这本书是刊刻出版的，并且被简称为《西游》。由于长春真人就是丘处机，所以《长春真人西游记》也就是丘处机"西游记"被流传开来，人们就误以为"西游记"的作者是丘处机了。然而此"西游记"非彼《西游记》，此"西游记"写的是丘处机，人们又误认为此"西游记"的作者是丘处机，遗憾的是那个年代人们文化水平不高，又有妖怪的《西游记》在民间流传着，百姓并不关心作者是谁，于是《西游记》的作者是丘处机的说法随着丘处机被捧上神坛而流传数百年。

吴承恩版《西游记》

近代以来，《西游记》版本问题成了学术界热门话题，客观上增加了《西游记》在社会上的热度。近代以来，最先讨论《西游记》版本问题的其实是鲁迅。鲁迅先生在 1925 年出版的《中国小说史略》"明之神魔小说"一节中，对吴承恩百回本《西游记》和简本《西游记传》的承传关系作具体分析时，指出："一百回本《西游记》，盖出于四十一回本《西游记传》之后"，"《西游记》全书次第，与杨志和作四十一回殆相等……惟杨志和本虽大体已立，而文词荒率，仅能成书；吴则通才，敏慧淹雅，其所取材，颇极广泛，于《西游记》中亦采《华光传》及《真武传》，于西游故事亦采《西游记杂剧》及《三藏取经诗话》（？），翻案挪移则用唐人传奇（如《异文集》《酉阳杂俎》），讽刺揶揄则取当时世态，加以铺张描写，几乎改观"。据此，鲁迅先生当时只从《西游记》源流演变方面来探讨问题，即认为百回本《西游记》是以杨本为底本加工改定，而且加工改定时"取材，颇极广泛"，并非只据一部杨本。还有许多版本是吴承恩版《西游记》的母版。还有简本《西游记传》，明版题目为《唐三藏出身全传》，作者为阳至和，后代版本也有写成杨致（志）和的，杨本共四十回，鲁迅等学者以为四十一回是笔误。李志常的《长春真人西游记》也赫然在列，20 世纪 30 年代前后，有关《西游记》的一系列新版本新资料在海内外陆续发现。

正是由于近代对《西游记》版本学进行研究，既厘清了《西游记》版本和作者，也再一次推火了这一经典著作，使之被列入四大名著之一。

《西游记》故事成书过程是这样的：

唐太宗贞观三年（一作贞观元年），即公元 629 年，27 岁的玄奘和尚不顾禁令，偷越国境，只身一人西行，前往西域天竺国取经，历时 17 年时间，取回经书 657 部，回到长安以后，受到唐太宗的礼遇。这件事在当时引起了巨大轰动，其沿途所见所闻也引起人们极大兴趣，于是玄奘在翻译经书的同时，受太宗之命，口述见闻，由其弟子辩机笔录，写成游记，即《大唐西域记》，此书详细记述了西域各国历史、地理、宗教、政治、风土人情等，这是《西游记》的历史真实和最初的母版（祖版）。随后，他的徒弟慧立、彦悰又根据其经历写成《大唐大慈恩寺三藏法师传》，神话玄奘宣扬佛法，使这部传记充满了佛教式的浪漫，远离了事件本身。《大唐西域记》《大唐大慈恩寺三藏法师传》不经意间架起了通往文学殿堂的桥梁，使玄奘取经的故事在社会上广为流传，越传越奇、越传越神，成为寺院"俗讲"和民间说话（一种民间曲艺形式，类似于评书）的热门题材。

到南宋时，玄奘的故事又被改写成《大唐三藏取经诗话》。这部诗话中出现了"猴行者"的形象，并成为全书的主要人物。情节虽然与吴承恩的《西游记》有很大出入，但是有相当一部分很相似。元朝时期，取经的故事基本定型，并且在戏剧中有所反映，当时，吴昌龄创作有《唐三藏西天取经》，还有无名氏的《二郎神锁齐天大圣》《二郎神醉射锁魔镜》，元末明初有杨景贤写的6本二十四折的《西游记》杂剧剧本，还有明杨志和4卷四十回《西游记传》。最后，吴承恩集大成地完成了百回本小说《西游记》。

吴承恩小传

吴承恩，江苏淮安府人，约生于 1504 年，卒于 1582 年。吴承恩出身教育世家，吴承恩的曾祖父叫吴铭，曾在浙江绍兴余姚县（今余姚市）做过县学训导，吴承恩的爷爷吴贞是浙江杭州府仁和县县学教谕，然而在吴承恩父亲吴锐的那一代，家庭突遭变故，就在吴锐 4 岁的时候，吴贞病死在工作岗位上。当然了，那个年代也没有工伤抚恤金，所以吴家陷入困境。吴锐连学都没得上了，于是在家学习。吴锐到了 20 岁，也只好入赘到徐姓小商人家中与徐家姑娘结婚，吴锐与徐氏生有一个女儿，取名叫吴承嘉。中年以后，又娶张氏，生子吴承恩。

吴承恩自小聪明伶俐，天分过人。8 岁时，他写的文章就轰动淮安，在淮安已经颇为有名；少年吴承恩学习国学、四书五经、诸子百家、经史子集。他非常喜欢阅读古典文学，喜欢搜集神话故事，对于妖魔鬼怪、历史掌故等有浓厚的兴趣，年轻时候这样广博的涉猎，为后来的吴承恩创作《西游记》积累了大量的知识，用他自己的话说，小时候就喜欢奇闻逸事，经常偷偷背着大人花钱买一点儿这样的小书，然后藏起来，生怕家人看见，等到了 30 岁以后，更是四处搜集妖魔怪异的书籍，这也是为日后创作《西游记》打下了一定的基础。

1525 年，吴承恩迎娶叶氏女子。叶氏家族在淮安是望族，其曾祖叶淇任户部尚书，叶淇的侄子做过刑部侍郎。但叶氏仅是叶淇家族的后裔，此时，叶家已经衰落，对吴承恩的仕途没有帮助，但终归是大家子女，知书达理，深知礼法规矩。1529 年，吴承恩到淮安知府葛木创办的龙溪书院读书，与葛木成为忘年之交。

1531 年八月，吴承恩和好友朱曰藩、沈坤等同窗到南京参加每三年一次的乡试，结果朱曰藩、沈坤等五人考中举人，吴承恩没考中。

1532 年冬天，吴承恩的父亲去世。

1540 至 1544 年，同乡的张侃、倪润分别考中举人。吴承恩的发小沈坤也考中科举，成为淮安历史上第一位状元。而吴承恩依然无果，吴承恩灰心丧气。

1549 年，吴承恩在朋友们的帮助之下，被江南学政推荐到南京国子监就读，次年补得"贡生"，于是就到北京进行"谒选"，就是到吏部应选官职。

五月初，吴承恩从淮安乘船沿大运河北上赴京，途中登山东泰山，游天津杨柳青，逛顺天府，通州城等地，最后抵达北京。谁还没有个三亲两厚呢？吴承恩的朋友就是李春芳、沈坤等。李春芳为嘉靖二十六年（1547 年）进士，与吴承恩结交已久。沈坤与吴承恩为同乡好友，是嘉靖二十年（1541 年）进士。

　　吴承恩谒选之事并不顺利，毕竟只有贡生的学历，加之这一年八月，北京发生了庚戌之变，即元朝残余势力侵犯北京。事件过去之后，他忽然接到老家来信，得知15岁的儿子吴凤毛夭折，吴承恩三代单传，如此打击使他难以承受，悲痛万分急急还乡。

　　中国古代的科举考试，还是有它的合理性的，毕竟沿用1000多年，也为近现代各国的考试制度，提供了可以借鉴参考的范式。中国古代科举制度是跟文化有关的，就是万般皆下品，惟有读书高，只有读了书才能参加科举考试，只有考中了举人后，才能当官。当了官就是吃皇粮的铁饭碗，不但衣食无忧，而且俸禄高，其实这也是实用文化，所以才有百万人挤独木桥，使科举考试成为三年一度的盛会。中国古代对于科举考试的管理和法定都是非常严格的，科举考试作弊，是有杀头危险的。但是古代的选官制度可不仅仅是科举考试一条道路，它以科举考试为主，还有补充手段，比如说有人花钱捐官，有人走贡生和太学生的路，等等。花钱捐官好理解，贡生就是府学、县学，甚至省里的学府，每年都要挑几个人推荐给国家，让国家安排工作。太学生也一样，让学生去国子监学习，毕业以后，等候国家分配。但是除了科举考试以外，从其他途径进入体制内的，当不了很大的官。一般而言，最多当到县丞，县丞大概相当于现在的副县级，或者还低一点，相当于县里的办公室主任级别。吴承恩就是这样，考了一辈子也没考上举人，以贡生身份来到北京向吏部报到，办完填表、申请等手续以后，就等候消息，等候委派。吴承恩得到这样机会的时候，已经快 50 岁了，而且才只是一个机会，等到正式工作还不知道猴年马月了。

嘉靖四十一年（1562 年），吴承恩第二次进京谒选，但一直在吏部挂选，好友李春芳帮忙斡旋。在京期间，吴承恩多次巡游京畿，寻访过西山大觉寺、十方普觉寺（今香山卧佛寺），还到过通州佑胜教寺访禅。

吴承恩第三次到北京是嘉靖四十三年（1564 年）。这一次在北京等的时间比较长，等了一年多，大有不等到工作不罢休的意思，终于他的苦情感动了上苍，嘉靖四十五年（1566 年），他被朝廷委任为长兴县（今属浙江省湖州市）县丞，正八品，辅佐知县并经管粮、马、税征等事务，同时委任的知县是当时著名的学者、进士归有光。这一年吴承恩 60 多岁了，已经过了退休年龄（按今天的退休标准来说）才找到一份工作，实在是太讽刺、太苦情。

吴承恩的苦情还没有完呢，隆庆二年（1568 年），朝廷委任的长兴县知县，著名学者归有光居然诬陷吴承恩，吴承恩一怒之下"拂袖而归"，辞职而去。不久后，朝廷委其为荆王府纪善，做王府里的文书秘书的工作，直到 67 岁时，退休还乡。

《西游记》的写作，伴随他大半生，真正有时间完成，还是在退休以后。

《西游记》作者误传之谜

本节用了很多篇幅写《西游记》的版本和成书过程，又写吴承恩版《西游记》和吴承恩小传，目的就是为了说明，吴承恩是一个小人物，是在前人大量《西游记》版本基础之上，穷半生之力写就吴承恩版《西游记》，在这种条件下，他不可能火遍全国。因为在他之前，《西游记》故事就已经在中原大地百姓中传播几百年了。在这几百年的传播当中，就没有关于作者的传播，当然更没有作者是吴承恩的传播了，尤其是在传播的终端——百姓当中，没有名人效应，也没有知识产权、著作权，劳苦大众休闲解乏，听着一乐就得了。《西游记》的故事在流传中越传越离奇。而吴承恩在这个基础上写就了他的百回版《西游记》，他的人物，他的故事，精彩程度一定是有所增加的，但是那个年代，没有现代化的传播工具，依然是靠口耳相传，所以传播速度慢，也不可能很快火爆。但是在文人圈子里，在当地圈子里出点儿小名，还是可能的。这也是有证据证实的，也就是在当地县志和府志当中，有关于他写作《西游记》的记述。在志书上有记述，其实已经很不简单了，已经是被官方认可了，但是在市场知名度上，就不行了，一没有传播渠道，二没有商业资本，三没有官方推荐，四是社会并不关注作者是谁，林林总总，使吴承恩版《西游记》的作者，却被世人遗漏，也即《西游记》火了，吴承恩却少有人知。

鲁迅先生也研究过这个现象，他说吴承恩："号射阳山人，性敏多慧，博极群书，复善谐剧，著杂记数种，名震一时，……杂记之一即《西游记》，余未详。又能诗，其'词微而显，旨博而深'，为有明一代淮郡诗人之冠，而贫老乏嗣，遗稿多散佚，邱正纲收拾残缺为《射阳存稿》四卷《续稿》一卷，吴玉搢尽收入《山阳耆旧集》中。然同治间修《山阳县志》者，于《人物志》中去其'善谐剧著杂记'语，于《艺文志》又不列《西游记》之目，于是吴氏之性行遂失真，而知《西游记》之出于吴氏者亦愈少矣。"说原因是同治版《山阳县志》修志者不厚道。

那么李志常版写丘处机的《西游记》，为什么传播的结果使丘处机成了吴承恩版《西游记》的作者了呢？

鲁迅先生开创的《西游记》版本研究 100 年后的今天，历史上的事情，文献都找到了，都研究清楚了，丘处机的《长春真人西游记》跟吴承恩版的百回《西游记》没有任何关系。两次西游，恰好是中国宗教史上著名的两次西行的文字反映。那为什么在 100 年前，在文人圈子里提到《西游记》都会说作者是丘处机呢？这里却有着与吴承恩不流行的相反原因，那就是，第一，恰好丘处机是拥有传播网络的，那就是他的全真教的组织系统；第二，因为丘处机是全真教的掌教，所以，举全体教众之力会产生造神运动，一切好的事都会往丘处机身上加持，比如说"一言止杀"；第三，《长春真人西游记》是可以简称为《西游记》的，这就给造成这种误会提供了客观上的可能。

哪吒是经常光顾天津的一位故人

2023 年夏秋之际，天津大爷跳水火遍全网，始料未及的是，天津跳水大爷引来了围观，引来了央视的采访，央视的记者挤在围观的人潮之中还给天津大爷竖大拇哥；他们还引起了世界跳水冠军何冲等跳水专业人士的跳水冲动。

天津 74 岁的大爷"老镰刀"，花式入场，展示花样跳水，他的名言是"生存一分钟，快乐六十秒"，已经被全国人民熟知，彰显了乐观幽默的哏都文化。

穿一条熊猫裤衩的；挂着拐杖来到河边，扔掉拐杖也要跳进水里的身残志坚大爷；化妆成机器人、蝙蝠侠等各色形象层出不穷的人们，生动演绎着自娱自乐的哏都文化。

在河边低矮处，几个大姐在跳圈，就是在一根竹竿的高处绑上一个圆圈，跳水时先向前上方钻过圆圈再入水，那为什么要钻一个圆圈呢？这跟天津人喜爱的一个形象有关，谁呀？哪吒，对！就是四大名著之一《西游记》中的人物——哪吒。果然，便有人化妆成哪吒的形象参与跳水，引起关注。

稍微翻检一下近几十年的天津史，你会发现，哪吒是经常光顾天津的一位故人。

在1980年代，哪吒就已经作为天津城市标志物存在，他脚踏风火轮、手持乾坤圈、骑在蛟龙背上，其雕像就在今天大爷跳水的位置；1999年，天津举办世界体操锦标赛的会徽就采用了哪吒的形象；2011年，天津泰达足球队将哪吒作为球队吉祥物，并表示哪吒象征泰达的精神和理念；2017年，第十三届全运会在天津举办，吉祥物依然是哪吒。

天津人为什么有那么浓厚的哪吒情结？简单说，哪吒是一位天津人。哪吒是小说中的人物，你考他是哪儿的人有嘛意义？我要说的是，小说里的人物，虽是虚构，但也是作者写出来的呀，就跟作者生出来没有两样。你的孩子，一定有你的遗传，作者写出来的作品里的人物，那也一定有作者自己的考量才会这么写的。有哪些考量？其实就是在采风、体验、采访等各种手段之下，累积大量的素材，在此基础之上，才开始杜撰。那么，写出来的人物，就一定带有作者的痕迹，或者是作者自己的故事，或者是作者听来的故事。

孙猴子作妖，才引出哪吒出战

我们知道，哪吒的形象出自四大名著之一的《西游记》，《西游记》的主角是孙悟空，那么我们就来看一看名著里的孙悟空和哪吒吧！

《西游记》第一回"灵根育孕源流出，心性修持大道生。"写的是自从盘古开天地，三皇五帝到于今；世界之间分为四大部洲，曰东胜神洲，曰西牛贺洲，曰南赡部洲，曰北俱芦洲。这部书单表东胜神洲。海外有一国土，名曰傲来国。国近大海，海中有一座名山，唤为花果山。那座山正当顶上有一块仙石。其石有三丈六尺五寸高，有二丈四尺围圆。三丈六尺五寸高，按周天三百六十五度；二丈四尺围圆，按政历二十四气。上有九窍八孔、按九宫八卦。四面更无树木遮阴，左右倒有芝兰相衬。盖自开辟以来，每受天真地秀，日精月华，感之既久，遂有灵通之意。内育仙胎，大石头她怀孕了，四周无树遮阴，每天太阳照射，接受了太阳照射的精华。

某一日，大石头进裂，生出一石卵，像个大圆球一样随地翻滚，碾草折树，气势不凡。风见此种情形，遂聚集而阻击，扫地刮坡，逼停石球，撕去胎衣，石球化作一个石猴。其五官具备，四肢皆全，一经着陆见风，即学爬学走，身强体健，其目运两道金光，射冲斗府，拜了四方。

孙悟空　　　　　　　　　　插图 李伟

这是孙悟空出世。

这个石猴敢于冒险，钻进水帘洞，为众猴找到一个家，从石猴变成美猴王。美猴王的美妙日子一晃就是500年，却因恐惧死后受苦而烦恼，而出走，寻仙访道。走好远好远的路，终于寻到了祖师，拜了师，学了艺，得名孙悟空，学艺20年，回到花果山。

这孙悟空回到花果山就开始作妖（惹祸），作妖事迹，罗列在下：

打败了混世魔王，夺得一口大刀，日日演练武艺；

侵入傲来国，为小猴子抢来兵器；

嫌自己兵器不如意，去东海龙宫抢夺了那件最著名的兵器——金箍棒；

东海龙王上天庭找玉皇大帝去告状，玉帝派太白金星去招安，孙悟空受招安，得御马监正堂管事职务，被封为弼马温；

当孙悟空得知弼马温这个官职"没品""末等""未入流"时，感觉遭到轻视，扬长而去；

玉帝派天兵天将下界捉拿妖猴，派的就是托塔天王李靖和他的三太子哪吒。

《西游记》《封神演义》里的哪吒出世

哪吒在《西游记》出现了。

这哪吒太子，甲胄齐整，跳出营盘，撞至水帘洞外。那悟空正来收兵，见哪吒来的勇猛。

……迎近前来问曰："你是谁家小哥？闯近吾门，有何事干？"

哪吒喝道："泼妖猴！岂不认得我？我乃托塔天王三太子哪吒是也。今奉玉帝钦差，至此捉你。"

悟空笑道："小太子，你的奶牙尚未退，胎毛尚未干，怎敢说这般大话？我且留你的性命，不打你，你只看我旌旗上是甚么字号，拜上玉帝，是这般官衔，再也不须动众，我自皈依；若是不遂我心，定要打上灵霄宝殿。"

哪吒抬头看处，分明是"齐天大圣"四字，哪吒道："这妖猴能有多大神通，就敢称此名号！不要怕！吃吾一剑"！

悟空道："我只站下不动，任你砍几剑吧。"

那哪吒愤怒，大喝一声，叫"变"，即变做三头六臂，恶狠狠，手持六般兵器，乃是斩妖剑、砍妖刀、缚妖索、降妖杵、绣球儿、火轮儿，丫丫叉叉，扑面来打。

悟空见了，心惊道："这小哥倒也会弄些手段！莫无礼，看我神通！"好大圣，喝声"变！"也变做三头六臂，把金箍棒晃一晃，也变作三条，六只手拿着三条棒架住。

结果怎么样？

结果是，哪吒被打败了。

后边的故事其实也是耳熟能详。

又一次封官许愿，于是就有了齐天大圣。

玉皇大帝在上界给孙悟空建了大圣府邸，令其代管蟠桃园；不想这猴子却偷吃桃子，施魔法定住了仙女，从而惹得天庭众怒，其又大闹天宫，众天兵天将大战齐天大圣，最后是二郎神将这个孙猴子抓住了。孙猴子被放在高压锅（炼丹炉）里蒸煮，压在大山底下镇压，直到后来被唐僧启用才开始了西天取经的故事——这是全本《西游记》，咱就不讲了。咱就说哪吒在《西游记》第四回就出现了。虽然一出现他就打了个败仗，但哪吒还是很可爱的。

那么，哪吒是天津人吗？他跟天津有什么关系呢？

其实我们翻遍了几十万字的《西游记》，也找不出哪吒与天津的关联，去哪儿找呢？其实哪吒的形象深入人心与另一部中国古代经典名著有关，它就是《封神演义》，作者许仲琳（1560—1630），应天府（今江苏南京市）人，号"钟山逸叟"。

《西游记》是一部经典，它是孙悟空、猪八戒等助唐僧西天取经的故事。主角应该是孙悟空、猪八戒、沙和尚、唐僧四人，哪吒只是众天兵天将中的一个，给他的笔墨有限，并没有交代他的身世。而在《封神演义》中，虽然他也不是主角，其身世却被交代得明明白白。我们看《封神演义》第十二回，陈塘关哪吒出世：

话说陈塘关有一总兵官，姓李名靖，自幼访道修真，拜西昆仑度厄真人为师，学成五行遁术，因仙道难成，故遣下山，辅佐纣王，官居总兵，享受人间之富贵。原配殷氏，生有二子，长曰金吒，次曰木吒。殷夫人后又怀孕在身，已及三年零六个月，尚不生产。李靖时常心下忧疑，一日，指夫人之腹言曰："孕怀三载有余，尚不降生，非妖即怪。"夫人亦烦恼曰："此孕定非吉兆，叫我日夜忧心。"李靖听说，心下甚是不乐，当晚夜至三更，夫人睡得正浓，梦见一道人，头挽双髻，身着道服，径进香房。夫人叱曰："这道人甚不知理，此乃内室，如何径进？着实可恶。"道人曰："夫人快接麟儿。"夫人未及答，只见道人将一物往夫人怀中一送。夫人猛然惊醒，骇出一身冷汗。忙唤醒李总兵曰："适才梦中……如此如此……"说了一遍。言未毕时，殷夫人已觉腹中疼痛，靖急起来，至前厅坐下，暗想："怀身三年零六个月，今夜如此，莫非降生？吉凶尚未可知。"正思虑间，只见两个侍儿慌忙前来："启老爷，夫人生下一个妖精来了！"李靖听说，急忙来至香房，手执宝剑，只见房里一团红气，满屋异香，有一肉球，滴溜溜圆转如轮。李靖大惊，望肉球上一剑砍去，划然有声，分开肉球，跳出一个小孩儿来，满地红光，面如傅粉，右手套一金镯，肚腹上围着一块红绫，金光射目。——这位神圣下世出在陈塘关，乃姜子牙先行官是也，灵珠子化身。金镯是"乾坤圈"，红绫名曰"混天绫"，此物乃是乾元山镇金光洞之宝。表过不题。——只见李靖砍开肉球，见一孩儿满地上跑。李靖骇异，上前一把抱将起来，分明是个好孩子，又不忍作为妖怪，坏他性命。乃递与夫人看，彼此恩爱不舍，各各忧喜（次日，众将前来道喜）。

……

鸟飞兔走，瞬息光阴，暑往寒来，不觉七载，哪吒年方七岁，身长六尺。时逢五月，天气炎热。

……

且说三公子哪吒见天气暑热，心下烦躁，来见母亲，参见毕，站立一旁，对母亲曰："孩儿要出关外闲玩儿一会儿，禀过母亲，方敢前去。"殷夫人爱子之心重，便叫："我儿你既要去关外闲玩，可带一名家将领你去，不可贪玩，快去快来，恐怕你爷爷操练回来。"哪吒应道："孩儿晓得。"哪吒同家将出得关来，正是五月天气，也就着实炎热。但见：

太阳真火炼尘埃，绿柳娇禾欲化灰，

行旅畏威慵举步，佳人怕热懒登台，

凉亭有暑如烟燎，水阁无风似火埋，

漫道荷香来曲院，轻雷细雨始开怀。

从上面这首写夏天炎热的古诗，可以看出，它已很接近白话体了。这正是明清小说的语言现象。中国古文向白话文的转变，是从明清话本开始的。

话说哪吒同家将出关，约行一里之余，天热难行。哪吒走得汗流，乃叫家将："看前面树荫之下，可好纳凉？"家将来到绿树荫下，只见熏风荡荡，烦襟尽解，急忙走回来，禀报哪吒，前面柳荫之内，甚是清凉，可以避暑。哪吒听说不觉大喜，便走进林内，解开衣带，舒放襟怀，甚是快乐。他见那壁厢清波滚滚，绿水滔滔，真是两岸垂杨风习习，崖旁乱石水潺潺。哪吒立起身来，走到河边，叫家将："我方才走出关来，热极了，一身是汗，如今且在石上洗一个澡。"家将曰："公子仔细，只怕老爷回来，可早些回去。"哪吒曰："不妨。"于是他脱了衣裳，坐在石上，把七尺混天绫放在水里，蘸水洗澡。

这条河叫作九湾河，在东海入海口。哪吒将此宝物（七尺混天绫是红色的）放进水中，马上就把河水染红了，摆一摆，江河摇动，再摇一摇，地动山摇，在东海底下的水晶宫，却早已被震得东倒西歪了。

不说那哪吒洗澡，且说东海龙王名敖广在水晶宫里正坐着，只听得宫阙震响。敖广忙唤左右问曰："地不该震，为何宫殿摇晃？"传与巡海夜叉李艮去看看，到底何物作怪。于是夜叉来到九湾河，一望，见水俱是红的，光华灿烂。只见一小儿将红罗帕（七尺混天绫）蘸着水洗澡，夜叉分水上岸。双方从口舌往来到互相攻击、互相咒骂，动手打架，最后夜叉李艮被哪吒用乾坤圈打死了。

消息传到水晶宫，敖广的三太子敖丙请缨出战，结果也被哪吒打死了，并且把敖丙的筋给抽了，抽去干什么？按照哪吒的话说，做一条绳，为他父亲系铠甲用。

以上是告诉我们哪吒出生在陈塘关，那么，陈塘关在哪呢？

哪吒出生地——天津河西陈塘庄

陈塘关在哪儿？不知道，因为这是小说里的地名，小说都是编的。但是在作者心中，他编的每一个人物、地名、情节，一般都有原型。根据原型进行再创作，是文学的一个基本手段。那么陈塘关的原型在哪？天津有一个陈塘庄。陈塘关跟陈塘庄是一码事儿吗？哪吒是在天津陈塘庄出生的吗？我们来分析一下。

上文介绍《封神演义》第十二回中写天气炎热的那首小诗，我们从中发现陈塘关附近有一片柳树林，而天津陈塘庄附近就有一个地名叫柳林。

再看这首诗里的水阁一词，"水阁无风似火埋"。这个"阁"字，在天津方言里，读音念稿。水阁在天津是一个颇具特色的街景和地名，当然这说的是100年前，今天我们在街上已经看不见了。水阁是干什么用的？水阁是取水口的休息间，就是在每一个取水口的附近，有一个类似牌楼、过街天桥，或者凉亭的老式的建筑。它是人们排队取水或歇脚的地方，水阁就是取水口的标志。今天天津有水阁大街，有著名的水阁医院。

有关哪吒打死的那个巡海夜叉李艮，从中可以发现几个信息：第一，巡海，哪吒用的乾坤圈，就把大海搅动得翻江倒海，摇动了水底下的水晶宫，水晶宫就是海底下的龙王宫殿。巡海，巡逻的海也就是东海。笔者认为，东海其实指代的就是天津东边的渤海一带，指代的就是天津这一地区。比如，民国大总统徐世昌是天津人（祖籍浙江，落籍天津），那么他的号叫什么？叫徐东海。古代一些大人物、名人，有时会以他们的家乡为名字，徐世昌是东海人，人们叫他徐东海。东海指代的就是天津。

说《西游记》中的东海是渤海，主要有以下几方面原因。

地理认知因素：

在古代，中国的政治中心主要在黄土高原与华北平原上，华北平原毗邻渤海。对于当时的人们来说，他们常见到的最大的海就是渤海，因其位于当时政治中心的东边，所以按照方位习惯称之为"东海"。在古人的认知里，对于海洋的划分不像现代这样精确。

文化传说关联：

在中国古代神话传说体系中，四海龙王是海洋的管理者，其中东海龙王地位较高。在天津地区，有哪吒闹海的传说，其中哪吒闹海的地点与《西游记》中东海的描述有一定的契合之处。天津地处渤海附近，这在一定程度上也加强了人们对于渤海与古代"东海"概念等同的印象。

文学创作背景：

《西游记》成书于明代，当时的政治、经济、文化中心都在北方。作者在创作时，对于海洋的想象和描述可能更多地基于自己对周边海域的了解和认知。渤海作为离作者所处环境相对较近且较为重要的一片海域，很可能成了作者创作中"东海"的原型参考。并且文学作品在创作过程中，会受到当时社会环境、文化传统等多种因素的影响，这种对东海的理解也符合当时的文化背景和人们的认知水平。

所以巡海夜叉李艮巡的东海，应该就是渤海。

其次，夜叉一词，不是天津独有的，各地一般都这么称呼某种鬼怪。

巡海夜叉李艮的这个艮字，现在看来是天津特色，天津不是外号哏都吗。

《封神演义》里哪吒洗澡的这条河，叫作九湾河。（原文：话说哪吒同家将出关，约行一里之余……）也就是说，陈塘关距离这条河很近，而九湾河，河道里弯道很多。九就是多的意思，而天津海河距离陈塘庄很近，海河就是有很多弯道的一条河。

哪吒在《西游记》这部书里，虽然不是主角，但是由于《西游记》人物众多，角色众多，整部书知名度非常高，所以书里的各色形象有很多都深入人心，家喻户晓。哪吒便是其中一个。

综上，我们发现天津海河、柳林附近的陈塘庄与其非常相似。通过分析，我们有理由推断陈塘庄就是哪吒的出生地，也就是托塔天王李靖的驻守之地之原型。

不同视角看《西游记》与天津

（一）从地理学的角度

《西游记》与《封神演义》中均提到哪吒出世的地方是陈塘关。陈塘关在南方还是在北方？我们且从地理学角度寻求答案。

在《封神演义》中，四大诸侯国以西岐为首，全部从自己的属地向朝歌进军。南伯侯北上攻打三山关；东伯侯西行攻打游魂关；北伯侯南下攻打陈塘关。

《封神演义》第八十六回中子牙曰："君侯兵至孟津几时了？"

黑虎曰："不才自起兵取了陈塘关，人马已至孟津扎营数月矣。今闻元帅大兵至此，特来大营奉谒，愿元帅早会诸侯，共伐无道。"由此可知，陈塘关一定在朝歌的北面，北伯侯崇黑虎兵取陈塘关才符合当时的地理环境。而朝歌在什么地方呢？朝歌，古地名，位于今河南省北部的淇县，商纣王在此建都。《封神演义》中的陈塘关在朝歌以北，只有天津陈塘庄符合这一说法。

有人认为哪吒闹海在天津三岔口，三岔口是海河的起点，距陈塘庄尚有一定的距离。陈塘关的位置应在陈塘庄、上河圈、复兴门与下河圈范围内，陈塘庄很可能就是陈塘关将士们的家属居住地。当哪吒禀告母亲要出关闲玩时，其母叮嘱他要"快去快来"。快去快来也就是不能走太远，推断哪吒最远也就走到下河圈附近的海河边上，即复兴河与海河交汇的位置，这里也是一个三岔口。只有这个位置在古时才真正处于九河湾的东海口上。

神话中的距离应该以神话的尺子来衡量。什么叫神话的尺子？神话的尺子就是没有度量，用夸张的方式表达。神话里的远近是个虚数，宏观上，神话无远近；微观上，神话有刻度。孙悟空一个跟头十万八千里，这就没有刻度也没有远近了，就是随意和夸张。微观概念上，比如"一刀劈来，侧身躲过，差之毫厘就要了他的性命"，微观的距离有刻度。所以，陈塘庄到三岔口的距离，在神话里就不是问题了。

（二）从民俗的角度

天津有句俗语，叫：潮不过三杨。

潮，海河潮，是一个逝去的景象。在早年，海河潮是非常壮观的。海河的大沽口是通海口，海河 70 多千米。而通海的海河是会有潮水倒灌的。潮涨潮落，都影响着海河水涨水落。潮水之大，是我们今天的人难以想象的。涨潮时分，潮水倒灌。海水从入海口倒灌进海河，形成大潮，比现在的钱塘江大潮还要大，呼呼地沿着海河奔涌而来，在两岸激起巨大的浪涛和水汽。倒灌的海水能倒灌到哪儿呢？就是这句俗语，潮不过三杨。这个潮水能达到杨村、杨柳青、杨芬港。

摘录两首描绘当年天津"海河潮"的诗词，带您领略当年"海河大潮"壮观的景象。

康熙二十年（1681 年）九月辛亥，康熙皇帝坐船顺北运河直下天津，到达三岔河口时，作《天津》诗：

转粟排千舰，分流纳九河。

潮声连海壮，树色入京多。

鼓楫鱼龙伏，停帆鹳鹤过。

津门秋望远，明月涌金波。

清道光年间天津著名诗人梅成栋（1776—1844）写有《河楼春望》诗二首，这里摘录第二首：

萋萋芳草望如烟，沽上潮来水接天。
出网河豚三月美，桃花红映酒家船。

***

一句"水接天"便知海河潮水之境况。而哪吒闹海就是在天津东边的海，闹腾的就是海河潮。

纵贯海河的海河大潮，囊括了陈塘庄与三岔口所有海河沿线，所以海河大潮是作者创造、创作哪吒闹海的生活原型。

哪吒对天津文化有哪些影响

地方认同：哪吒被认为是天津的地方英雄，他的故事与天津的历史和地理环境相融合，成为了天津文化的一部分。天津人对哪吒有着特殊的情感认同，将其视为自己的文化象征之一。

文化传承：哪吒的故事通过口耳相传、文学作品、戏曲、电影等形式在天津地区传承下来。这些文化表达形式不仅丰富了天津的文化内涵，也为后人了解和传承天津的历史文化提供了重要的途径。

旅游资源：哪吒相关的景点和文化活动是天津的旅游资源之

一。例如，天津曾有哪吒庙、哪吒雕像等，吸引了众多游客前来参观。此外，哪吒文化也为天津的旅游业增添了独特的魅力。

艺术创作：哪吒的形象和故事激发了天津艺术家的创作灵感。在绘画、雕塑、文学等领域，都可以看到以哪吒为主题的作品。这些艺术创作不仅展示了天津的文化底蕴，也为哪吒文化的传播和发展作了贡献。

精神内涵：哪吒的精神内涵，如勇敢、正义、不畏强权等，与天津人的性格特点相契合。这些精神品质在天津文化中得到了体现和弘扬，对天津人的价值观和行为方式产生了一定的影响。

总的来说，哪吒对天津文化产生了深远的影响，成为天津文化的重要组成部分。他的故事不仅为天津人带来了欢乐和自豪，也为天津的文化传承和发展作出贡献。

吴承恩的京畿行迹

1550 年，吴承恩补得"贡生"，到北京"谒选"，就是到吏部应选官职。五月初，吴承恩从淮安乘船沿大运河北上，途中登山东泰山，游天津杨柳青，逛顺天府，通州城等地，最后才抵达北京。

在中国古代，最舒适最快捷的运输方式就是水运，而中国最主要的交通河道就是京杭大运河。天津是京杭大运河进京之前的最后一个中转站，天津也由于这个地理位置发展成一个大都市。千年古镇杨柳青更是比天津历史还长的运河码头，天津的城市发展在清早期有一个很快的发展，故而南来北往的文人墨客多驻足于天津，但是明朝及之前，杨柳青是繁华重镇，很多文人是在杨柳青驻足，留下很多诗篇。

吴承恩第二次进京的时候，游览了泰山，然后在杨柳青驻足停留，写了一首著名的诗，这首诗在吴承恩自己的文集诗集中也许并不重要，但在今天的天津杨柳青地方文化中，却显得非常重要。它证明了明朝一代文豪吴承恩曾经在杨柳青的驻足留下了美好诗篇。诗的题目是《泊杨柳青》：

> 村旗夸酒莲花白，津鼓开帆杨柳青。
>
> 壮岁惊心频客路，故乡回首几长亭。
>
> 春深水暖嘉鱼味，海近风多健鹤翎。
>
> 谁向高楼横玉笛，落梅愁觉醉中听。

这首诗是很容易懂的。首联写他在喝酒，喝的是莲花白，应该是当地一款名酒，在杨柳青的运河上，运河上有很多船；颔联写的就是他这么多年来苦苦赶考、求官的一种心路历程，很辛苦，很不得志；颈联写当地的景色，还是稍微抚慰了他的心；但是尾联听到岸上高楼里传出的笛声小曲，不觉得愁上心头。整个基调还是并不乐观，还是一种悲苦，苦情之调，吴承恩的基调，苦情。

大运河进京，通过杨柳青必须得通过天津三岔口转向北运河到达北京。三岔口古时便有哪吒闹海的传说，大运河通到三岔口，与北运河相交，汇成海河通往大海，海河的潮是很大的，翻江倒海的大闹龙宫有这海河大潮的影子。每一个作家，写每一个人物、事件、地方及现象，都一定有它的原型，所以相信运河天津之行，吴承恩的所见所闻，会给他的创作带来很多灵感和写作素材，这一点我们在后边的文章中还会有不一样的解读。

1562 年，吴承恩第二次进京谒选，在吏部挂选，其间，吴承恩多次巡游京畿，寻访过西山大觉寺、十方普觉寺（今香山卧佛寺），还到过通州佑胜教寺访禅。

北京西山现属于太行山脉。在以前属于燕山山脉。其实，北京西山就是太行山与燕山的分界地段。说它是太行余脉还是燕山余脉都说得过去。为什么以前说是燕山余脉呢？因为到今天，北京西南的房山区还保留着一个燕山区，还有名为燕山的大量企业单位的存在。后来在北京西北侧发现一条峡谷深沟，于是地理学者就把这条峡谷深沟，作为燕山跟太行山的分界，使西山成为太行山的余脉。我们在讨论文化的时候，依然可以把它作为燕山文化区。

在距北京市中心西北 40 千米处有一个不为人熟悉的旅游景区，叫后花园（白虎涧）景区，这个景区所在就是燕山余脉，虽谈不上崇山峻岭，却也实实在在是九曲十八弯的峰峰壑壑。金国自建都燕京，皇帝就常常往后花园跑。金章宗非常喜欢这里，便提笔题字"驻跸"，于是这里就成了驻跸山。金章宗更是宴请丘处机北上，这里便是丘处机悟道的场所。明朝时吴承恩巡游西山，在此驻足停留，感受丘处机的遗韵，据说悟空、八戒的创作灵感便来自这里。

在通州佑胜教寺，砖塔上精美的砖雕也吸引了吴承恩的视线，一个快乐的天蓬元帅的形象深深地烙印在他的记忆之中。

总之，京畿地域文化圈的自然景观、风土人情，都舒展了吴承恩那颗苦闷的心，充盈了他那颗创作的心。

在北京寻找孙悟空的出生地

在北京颐和园万寿山的后面，有一大片建筑依山而建，布满了整个山坡，气势颇为宏大，而这一组建筑群都是汉藏式风格的建筑群。置身于建筑群，仿佛来到了西藏，又仿佛进入了佛国。这一组名为四大部洲的汉藏建筑是须弥棱镜的藏式寺院部分，主体建筑是香岩宗印之阁，乾隆时期建筑。四大部洲又称四洲、四大洲、四天下。中国佛教认为四大洲围绕着须弥山。在七金山与大铁围山间的险海中，是十法界中人道众生居住的地方。他们是大千世界的基本组成部分，分别称为东胜神洲、西牛贺洲、南赡部洲、北俱芦洲，即佛教经典中各洲，具有各自特点，四个部洲是佛教经典描写的地方，现实中原本是不能看到。这种景象，乾隆皇帝却将它呈现于图纸，又将图纸转化成真正的实体建筑。此类建筑群不止一处，在承德避暑山庄外八庙的普宁寺，还有一组一模一样的四大部洲建筑。

四大部洲跟西游记有什么关联吗？有，我们在前面文章中已经都提到了，西游记第一回介绍天地宇宙的时候。便把孙悟空的出生地花果山跟四大部洲之间的关系呈现出来。

《西游记》第一回开篇便是：

感盘古开辟，三皇治世，五帝定伦，世界之间遂分为四大部洲：曰东胜神洲；曰西牛贺洲；曰南赡部洲；曰北俱芦洲。这部书单表东胜神洲，海外有一国土，名曰傲来国，国近大海，海中有一座名山，唤为花果山。此山乃十洲之祖脉，三岛之来龙，自开清浊而立，鸿蒙判后而成，真个好山！

第八回有：

如来讲罢，对众言曰："我观四大部洲，众生善恶，各方不一：东胜神洲者，敬天敬地，心爽气平；北俱芦洲者，虽好杀生，只因糊口，性拙情疏，无多作践；我西牛贺洲者，不贪不杀，养气潜灵，虽无上真，人人固寿；但那南赡部洲者，贪淫乐祸，多杀多争，正所谓口舌凶场，是非恶海。我今有三藏真经，可以劝人为善。"

如来对如何取得三藏真经也作了规定："教他苦历千山，远经万水到我处求取真经，永传东土，劝化众生。却乃是个山大的福缘，海深的善庆，谁肯去走一遭来？"观音菩萨马上应答："弟子不才，愿上东土寻一个取经人来也。"于是观音菩萨带着木吒来到东土，先寻到沙僧、八戒和悟空，后又寻到玄奘，这才开启了玄奘师徒4位西天取经的一段故事。

吴承恩将"四大部洲"认定为玉皇大帝管辖下的世界，将佛祖如来封作西牛贺洲的总管，唐僧取经的西天其实就在西牛贺洲；而唐僧取经的出发地，是与西天相对应的东土，即南赡部洲的大唐帝国；南赡部洲再往东，就是东胜神洲，而东胜神洲内有一"敖来国"，国中的花果山即是孙悟空的出生地。

明朝中叶吴承恩版的《西游记》完成，在民间与其他版本一起开始流传。吴承恩版的《西游记》当然是一本佛教风格的书籍。开篇第一回讲的就是宇宙洪荒的来历，他把宇宙分为四大部洲，第八回讲这四大部洲的众生善恶，各不一样的性格品行。这些当然都是虚构的，不管吴承恩怎么说，这东西也就是只能天上有，您如果想在现实世界里找出它的原型，那就是故弄玄虚、做伪学问，如果按照吴承恩描画的场景，来一个场景重现，那到可以，也无所谓伪造之说，而是为了某种目的而已。所以，《西游记》流传到清朝时，乾隆皇帝做了一件这样的事，他把《西游记》里的四大部洲，还原成了实景。为什么呢？原来这里有一段故事。

四大部洲的建造，最早来源于一场战争的胜利。乾隆二十年

（1755 年）清朝平定了新疆准噶尔部达瓦奇叛乱，捷报传来，乾隆皇帝很高兴，论功行赏之后，也有点愉悦的小烦恼。文臣武将都可以论功行赏，那自己这个皇帝又让谁来表扬呢？谁给皇上加官晋爵呢？也没法加呀。赏赐金钱财宝，也没啥意义呀，大清国都是爱新觉罗家的产业。苦思冥想之后，乾隆皇帝想到了兴建一座寺庙来作为对自己的奖赏，这就是四大部洲，那么您说乾隆皇帝看了《西游记》了吗？

当然看了《西游记》。于是皇上给自己颁个奖，有一定的故事性原因，同时，既然是皇上做的事情，就应该还有更加严肃的原因。修建四大部洲建筑群，是否是为了加强与西藏的联系？应该有这个原因。于是乾隆皇帝派大臣、测工、画工去西藏，描摹藏传佛教三摩耶庙，仿该庙在万寿山后山建寺庙，同时也为了表达对佛教的敬重。

该建筑群规模宏大、气象庄严，极具象征意义：四大部洲和八小部洲全都排列在象征世界中心的弥勒山的香岩宗印之阁的周围四个方向，在阁的东南、西南、东北、西北建有代表佛经"四智"的红、白、黑、绿四座喇嘛塔。这些建筑象征着皇权至高无上，中央统率四方，也代表着满汉蒙藏团结统一、四海升平。

遗憾的是该建筑群毁灭于 1860 年第二次鸦片战争战火，光绪十四年（1888 年）清政府开始修复香岩宗印之阁，一直到 1980 年才全部复建完毕，此建筑群后成为颐和园中一处盛景。

"听调不听宣"的二郎神与幽州总管

　　《西游记》第六回，孙悟空大闹天宫，描写孙悟空本领高强，把一众天兵天将打的丢盔卸甲，玉皇大帝也没辙了，派谁去收拾这个泼猴呢？在一旁的观音菩萨说话了：陛下可以派你的外甥二郎真君，他现在住在灌洲灌江口，正享受着人间烟火，在人间享福呢。他昔日曾力诛六怪，又有梅山兄弟与帐前一千二百草头神，神通广大。奈何他只是听调不听宣，陛下可降一道调兵旨意，派他出战，就可以擒获那个泼猴。原文为：

　　"乃陛下令甥显圣二郎真君，见居灌洲灌江口，享受下方香火。他昔日曾力诛六怪，又有梅山兄弟与帐前一千二百草头神，神通广大。奈他只是听调不听宣，陛下可降一道调兵旨意，着他助力，便可擒也。"

　　《西游记》中的这段话正是"听调不听宣"最早的出处。

菩萨建议派二郎神去和孙悟空斗武比法，捉拿孙悟空，事实是二郎神真的有本领，与孙悟空斗武比法，真的将孙悟空捉拿了。这是《西游记》里的故事情节，我们就不讲了。我们只讲二郎神"听调不听宣"是啥意思？

简单地说，"听调不听宣"指的是听从上级调动，却保持自我独立性，不听从宣召，不参与日常活动。《西游记》中的二郎神就是这样一个处于半独立状态的特殊人物。为什么他这么特殊呢？我们回到书中二郎神与孙猴子打斗的对话，得知事情的原委。

那孙大圣见了二郎神，笑嘻嘻地将金箍棒举起，高叫道："你是何方小将，乃敢大胆到此挑战？"

二郎神喝道："你这厮有眼无珠，我乃玉帝外甥二郎神，今蒙上命，到此擒拿你这个造反天宫的弼马温猢狲，还不赶紧受死。"

孙大圣道："我记得当年玉帝妹子思凡下界，配合杨君，生了一个孩子，还是个男孩儿，后来这个男孩长大了，曾经使斧子劈开桃山的，是你么？我有心要骂你几声，曾奈无甚冤仇；待要打你一棒，可惜了你的性命。你这郎君小辈，可急急回去，唤你四大天王出来。"真君闻言，心中大怒道："泼猴！休得无礼！吃我一刃！"原文为：

大圣见了，笑嘻嘻地将金箍棒掣起，高叫道："你是何方小将，乃敢大胆到此挑战？"真君喝道："你这厮有眼无珠，认不得我也！我乃玉帝外甥，敕封昭惠灵显王二郎是也。今蒙上命，到此擒你这造反天宫的弼马温猢狲，你还不知死活！"大圣道："我记得当年玉帝妹子思凡下界，配合杨君，生一男子，曾使斧劈桃山的，是你么？我心要骂你几声，曾奈无甚冤仇；待要打你一棒，可惜了你的性命。你这郎君小辈，可急急回去，唤你四大天王出来。"真君闻言，心中大怒道："泼猴！休得无礼！吃我一刃！"

大圣侧身躲过，疾举金箍棒，劈手相还。他两个大战三百回合不分胜负。

那我们就要讲一讲二郎神的身世。首先我们从菩萨的话里可以知道，菩萨说他"见居灌洲灌江口，享受下方香火"。也就是说，二郎神不是天上的神仙，他住在地上，享受人间烟火。想当年玉皇大帝的妹妹瑶姬（一说云华）下凡人间，喜欢上了凡人杨天佑，与其谈情说爱，并且生下一男孩儿，那个男孩儿就是二郎神，所以二郎神是玉皇大帝的外甥。

玉皇大帝的妹妹在人间不但谈恋爱还生下孩子，这可是触犯天条，也就是触犯了天上的法律，一定会遭到惩罚的。于是玉帝就把瑶姬压在一座叫桃山的大山底下反省思过。这个惩罚方式似曾相识，日后孙悟空也是被压在大山之下，等着唐僧营救，才开启了《西游记》之西游行程。

话说玉皇大帝的妹妹瑶姬被压在大山之下，若干年过去了，她儿子也长大了，并且武功高强，力大无比，毕竟身上流淌的一半是神的血统。由于母亲被玉皇大帝处罚，外甥和舅舅很少来往，并且长大了的外甥对舅舅十分不满，母亲何罪，被你如此欺凌。二郎神长大成人，怒从心生，举起巨斧，劈开桃山，救出母亲。一不做二不休，干脆拉起一支人马做起绿林好汉，盘踞灌江口，实力逐渐增加，就拥有了梅山兄弟与帐前一千二百草头神。

二郎神虽在人间，但他也是天上的神，毕竟流淌着神的血统。而他却不在天上担任职务，却在人间拉起一支队伍。这样的话，脱离了玉皇大帝的管辖，玉皇大帝当然不干了，派兵征剿吗？不行，因为那毕竟是外甥，于是就派人去跟外甥谈判。这个外甥倒也识大局，经过据理力争的谈判，形成了一种局面，我认可是玉皇大帝的人，也是天上朝廷的官员，但是我就在这下界独立发展，不受天庭的约束，有重大事项用正式公文调动我，但平常我是不去天上上班的。于是，双方的妥协就形成了这样一种局面，就叫"听调不听宣"。

"听调不听宣"与燕山文化有什么关系呢？

"听调不听宣"跟幽州总管有关。我们知道，汉置幽州，其疆域广大，西到北京西，南到天津南，北到燕山北，东到辽东，这广大的区域都是幽州，其治所为蓟州，就是今天的北京。隋末唐初，有一个幽州总管，他叫罗艺。人们对罗艺可能并不熟悉，但是对罗艺的儿子罗成非常熟悉，罗成是"大隋唐"①里虚构的人物。而"大隋唐"在中国，尤其是在北方，几乎与四大名著齐名。袁阔成、单田芳讲的评书，连篇累牍，一讲就是好几个月，在广大百姓民众当中，耳熟能详，尽人皆知。

罗成（598—622 年）于隋开皇十八年"出生"，唐武德五年"去世"，他是隋唐故事中的人物，并在隋唐十八杰中列第七、十六杰中列第八，在《隋唐演义》和《说唐》中都是第七条好汉。在清初褚人获的讲史小说《隋唐演义》中，他是罗成罗公子、是燕山王罗艺的儿子、秦琼的表弟；在《兴唐全传》里是胯下闪电白龙驹、手中五钩神飞枪的"英雄好汉"。

在明末清初作家袁于令创作的小说《隋史遗史》里，罗艺原是北齐驾下勋爵，见北齐亡国了，他不肯向隋军投降，于是统兵杀到幽州，并且联合突厥可汗，以期反抗隋军。隋军累战不克，只得颁诏招安，将幽州割与罗艺。从此统雄兵十万镇守幽州，成为一代幽州总管。

在小说《说唐》中，靠山王杨林先是作为北周将领领兵打败了北齐，然后又辅佐隋文帝杨坚篡夺了北周的皇位。罗艺原是北齐

---

① 注：大隋唐是《说唐》《隋唐演义》《兴唐传》的合称。

的勋爵，杨林在打败北齐的过程中，杀了罗艺岳父一家，罗艺起兵的口号就是给北齐报仇、给岳父一家报仇。

罗艺的父亲罗允刚作为北齐的勋贵世袭燕公。罗艺的爵位就是从父亲罗允刚那承袭过来的。罗家镇守的燕山是北齐的边疆要地，加之远离京城，该地便成了天高皇帝远的地方，因此罗家在燕山地区事实上形成了半独立的割据政权。罗艺起兵打着的旗号就是给北齐、给岳父报仇雪恨，可实际上他也有保住罗家在燕山半独立地位的思想。因此当杨林大军杀来，罗艺自知不敌，也知道天下归隋已是大势所趋，便采取名义上臣服于隋朝，而后尽可能争取自己利益的策略。于是罗艺提出了自己降隋的三个条件。

第一条就是"俺部下兵马须听俺调度永镇燕山"，也就是说隋朝要承认罗家世代镇守燕山的特权。

第二个条件是"俺名虽降隋，却不上朝见驾，听调不听宣"。这里的调指的是调度，这里的宣指的是宣召。所谓听调不听宣就是指听从隋王朝的调度，但不听从皇帝的宣召。

第三个条件是"凡有诛戮得以生杀自专"，即在辖区内生杀自专，就是说罗艺要求对自己辖区内的事务拥有自主权。只有当隋王朝有需要时罗艺才会服从调度帮着去打仗，但罗艺自己辖区的内部事务是不允许隋王朝插手的。

由此可见，罗艺提的三个条件归纳起来就是要求隋王朝承认自己半独立的割据地位。在其后的历史上，在描写北宋杨家将的《杨家府演义》中，杨业归宋时也提出了三个条件："不受大宋之职；惟听宋君调遣，不听宣召；我所统属斩杀不行请旨"。杨业的这三个条件可以说就是罗艺所提要求的翻版。

"听调不听宣"之所以产生于燕山，盖由于燕山崇山峻岭广袤无垠，其博大精深、雄浑无比；其雄关险要，易守难攻，为避免两败俱伤攻守双方妥协出这样的局面可谓双赢。燕山给予人广阔胸怀，却给予战争设置阻碍重重，进而是和平，是双赢，是"听调不听宣"。

"听调不听宣"的燕山文化，除了使后来小说中二郎神与玉皇大帝和平相处，也给了幽州总管罗艺和隋军避战以和的契机，并且给中国历史上诸多对峙局面提供了转圜之策。

玄奘灵骨曾经驻足燕赵大地

　　玄奘出生于602年，俗家姓陈名祎，洛阳缑氏（今河南偃师）人，13岁出家为僧。他少年时初显天赋，在佛学上造诣颇高，21岁受具足戒以后云游天下遍访名师，也曾来到京津冀一带，那时叫幽州。云游与讲学使他名声渐起。唐朝盛行佛教，不同宗派的僧人对佛法的理解不同，所阐述的义理也不相同。其中不乏错误矛盾之处，玄奘一直没办法很好地解决这些问题，为此他很苦闷。机缘巧合之下，偶遇天竺僧人，得知慈氏菩萨所著的《十七地论》（即《瑜伽师地论》）在天竺广为传布，能解答他目前所遇到的疑惑。

　　于是，玄奘就在贞观元年（627年）向朝廷请求出国，去往天竺取经，但遭到了拒绝。没办法，求法心切的玄奘只好"冒越宪章，私往天竺"，在不久后开始了西行之路。他从长安出发，以"昼伏夜行"的方式躲避官府追查，先后经历姑臧（今甘肃武威）、瓜州、玉门，出关后抵达第一站高昌国。这标志着玄奘正式走出了大唐国境，开始了长达 17 年的求法之路。他的足迹遍布今中国新疆维吾尔自治区，以及吉尔吉斯斯坦、乌兹别克斯坦、阿富汗、伊朗、巴基斯坦、印度、尼泊尔、孟加拉国、斯里兰卡等地，在 1000 多年前的唐代，这是不可想象的事情。一名僧人，以什么样的精神为动力，才能穿越盆地、荒漠、戈壁与丛林，花费 17 年时间，走过 110 多个国家，行程 10 万多里去追寻一门学问。其 17 年求法之路上历经的千险、历尽的万难便是唐僧师徒四位面对的九九八十一难和不计其数的妖魔鬼怪，九死一生之经历便是小说《西游记》的故事原型。

玄奘不仅走得远，而且学得也多。在迦湿弥罗国，他跟随当地的名僧学习俱舍、因明、声明等学问，在抵达那烂陀寺之前，玄奘先后跟随多人学习，内容全面覆盖了"大小五明"。此外，还包括耆那教、婆罗门教的典籍，他的梵文水平也因此突飞猛进。进入那烂陀寺跟随戒贤法师学习后，玄奘开始了长达 5 年的留学生涯。

在佛教史上被称为"三藏法师"的人并不多，而玄奘是当之无愧的第一人。他精通义理、贯彻两乘、通达五明、辩才无碍，在曲女城的"无遮大会"上一举成名。

在戒日王的主持下，五印共有 18 位国王作为裁判参加此次"无遮大会"，3000 多名佛门龙象、2000 多位外道学派精英齐聚曲女城，与来自大唐的僧侣玄奘展开了为期 75 天的辩论。玄奘高坐法台任人辩驳，在 75 天的时间内无一人能难倒他，由此声震五印。外道对其顶礼膜拜，小乘弟子尊奉其为"解脱天"，大乘弟子尊奉其为"大乘天"。

贞观十九年（645 年）正月二十四日，玄奘回到长安，唐太宗李世民派遣宰相房玄龄率众出城迎接。长安、洛阳两地的百姓僧侣"道俗奔迎，倾都罢市"，百十万人翘首以盼一睹圣僧的尊容。唐太宗为其修建了大慈恩寺，玄奘开始了长达 19 年的译经生涯，他将中国佛教义理推向了光辉灿烂的顶点。

作为"佛经四大翻译家"之一，玄奘提倡的翻译方法至今深刻地影响中国人，由他译出的《心经》可谓妇孺皆知。而其创立的慈恩宗，更是将原汁原味的印度佛学带到中土，对佛教内部的影响十分深远。

除此之外，玄奘口述、辩机执笔的《大唐西域记》开阔了唐人的眼界，最重要的是，这本《大唐西域记》便是吴承恩《西游记》的蓝本。

唐太宗笃信佛教，太宗去世以后，高宗继位，但其信奉道教，玄奘开始被排挤，其翻译经书的处所也处于不稳定中，多次被要求搬迁，最后搬迁到玉华寺——原本的皇家山庄，但已废弃而破败，离长安又远，生活十分不便，甚至周边无人，找个帮忙的人都很难。在翻译完《大般若经》之后，玄奘偶然把腿摔坏了，他却轻视了这个问题，不幸的是，伤口感染了，更不幸的是，荒凉和偏僻把他这个并不算要命的病给耽搁了，宫廷御医来到的时候，已经无力回天。唐麟德元年（664年）二月初五，玄奘圆寂。四月十五日下葬，竟然没有一个官员前来送葬，葬礼清冷，与玄奘西天取经归来时盛况空前的欢迎仪式相比，有着天壤之别。不知天空中是否响起玄奘在《大唐西域记》的序言里发出的赞美之声："我大唐依据天道建立王统，顺应潮流掌握纲纪；统一天下，圣德远布，功比三皇，光耀八方。仁德四播，瑞风远扬，犹如天地养育生灵，仿佛风雨滋润万物。东夷朝贡，西戎称臣，王业永传，拨乱反正，业已胜过前王，超越先代。一统天下，功业巍巍，若不记载，何以颂扬大道，若不宣传，何以显耀伟业？玄奘依据游踪，列述各地风情，虽未详考方位，细辨习俗，但是足知大唐声威所及，已经超过三皇五帝。一切生灵，均沾大唐恩泽；凡属人类，无不颂其功德。玄奘发自秦地，遍历五天竺国，僻地异民，远域它国，都向大唐称臣，均受大唐教化。称扬大唐功德卓绝，到处传诵，成为美谈；赞美大唐文德昌盛，一致公认，天下第一。仔细查检以往典籍，不曾有过这类事迹；遍览所有文书图谱，确实未见同样记载。如果我不有所记述，怎能展示大唐教化所及？今据亲身见闻，载述于此。"

天上星移斗转，人间战火经年，玄奘先被葬于长安白鹿原，甚至没有建塔。后来又被要求迁坟，人死也不得安宁。几多辗转，三藏法师灵骨被和尚背到了金陵（今江苏南京）天禧寺供奉。

明洪武十九年（1386年），修建三藏塔安奉三藏法师顶骨。

清咸丰六年（1856年），因"天京之变"（太平天国内讧）天禧寺毁于战火，三藏塔倒塌，三藏法师顶骨失踪。

1943年12月，占据南京的侵华日军，在中华门外修建神社，施工中意外出土一个原封完好的石函，石函刻文清晰可见，经辨认，竟然是失踪多年的玄奘顶骨。佛教在日本国也享有很高地位，所以发现三藏法师顶骨也轰动日本本土，日军欲掠夺该灵骨送日本供奉，中国佛教界强烈反对，经交涉，日方拿走了一部分送回日本供奉，留下的分成五份，分别供奉在玄奘法师曾经参学的天津大悲院、北京广济寺、南京、广东广州六榕寺和四川成都文殊院。

1945年春，玄奘法师灵骨之一部，被供奉在天津大悲院大雄宝殿。

1956年，印度政府向中国政府发出请求，请求供奉三藏法师灵骨，周恩来总理批示，将天津大悲院三藏法师灵骨赠予印度，同时赠送三藏法师历经十几年翻译的中文佛经1335卷，中国政府还向印度捐赠人民币35万元，用以资助建设那烂陀寺玄奘法师纪念堂。1957年1月，中国政府代表团应邀访问印度，将灵骨、经卷及资助款送抵印度，为此，印度举行了隆重的灵骨、经卷迎奉仪式，僧、尼和佛教人士从印度各地赶来，各界人士共5万多人参加了仪式。

今天的天津"大悲禅院"，规模和规制已经远远高于1945年时期的大悲院，但是1945年的天津大悲院供奉了三藏法师的灵骨，而今天的天津大悲院，虽然建有玄奘法师纪念堂，但是纪念堂内供奉着的是玄奘法师的绣像、供桌上的莲座金塔和塔内三藏法师顶骨的照片。

唐三藏玄奘法师的灵魂，曾经在燕赵之地，驻足停留。

本章的参考著作：

1. 玄奘著，辩机编次，芮传明译注：《大唐西域记全译》，1995。

2. 尚衍斌，黄太勇：《长春真人西游记校注》，北京：中央民族大学出版社，2015。

3. 吴承恩：《西游记》，西安：三秦出版社，1992。

4. 杨讷：《丘处机"一言止杀"考》，上海：上海古籍出版社，2018。

5. 许仲琳：《封神演义》，北京：人民文学出版社，1981。

6. 鲁迅：《中国小说史略》，北京：人民文学出版社，1973。

7. 吴树平：《二十五史精选精译》，北京：中华书局，1995。

后　记

　　早在 2016 年，笔者与天津《今晚报》专刊部副主任张桐老师共同策划了"四大名著与天津"的选题，笔者邀请了韩吉辰、张建强和我的老同事玄泊（笔名），分别创作了《红楼梦与天津》《西游记与天津》《三国演义与天津》《水浒传与天津》一共六篇文章，在天津《今晚报》连续刊登，颇为轰动。

　　2017 年，笔者与天津滨海广播《城市记忆》责编于霁丹老师进一步策划，笔者和其他三位作者一起分别对这个选题当中的四个分项选题进行扩写，由韩吉辰老师和笔者在电台进行录播，每集 30 分钟，每天播出一集，一共播出 34 集，广播稿字数达到 13.6 万字，引起更大反响。该节目还在天津生活广播《城市记忆》、天津新闻频道《话说天津卫》节目反复播出。

　　天津滨海广播《城市记忆》播出的《四大名著与天津》，被天津某出版社主编在开车时听到，于是笔者与该主编以及编辑室主任、责编等进行了十数次反复沟通、策划、修改，并力图促成作者、出版社与广播电视台的三方合作，并已就版权问题达成一致，法务部门审查协议期间遭遇疫情，历经疫情 3 年，项目无疾而终。

2023 年年底，经由谭汝为老师引荐，结识燕山大学出版社副总编辑兼天津事业部主任耿学明老师，并共同策划"燕山史话丛书"。

2024 年 1 月，"燕山史话丛书"项目得到燕山大学出版社陈玉社长、董世非总编辑及重点选题论证会的认可和支持，之后，经丛书第一辑主编谭汝为老师和笔者与出版社反复研究，并征得各位作者的意见，形成了每年一辑、每辑 4 至 5 本书的规划思路，以及第一辑具体的项目设计。《四大名著与京畿文化》忝列其中。再经写作原则、语言风格的讨论与审定；谋篇布局、样章样稿的反复修改，很快在 2024 年 5 月，出版社分别与 4 位作者签订了出版合同，同时与谭汝为老师和笔者签订了委托主编协议。

2024 年 3—4 月，本书合作者韩吉辰老师和张建强老师分别发来初稿，经笔者修改、统稿，加上笔者写作的书稿，共计 15.2 万字，于 2024 年 6 月 30 日完成并交稿，并于 9 月 22 日修改完成再次交稿。书中《三国演义》篇、《西游记》篇由笔者撰写；《水浒传》篇由笔者和张建强撰写；《红楼梦》篇由韩吉辰撰写。经笔者多次邀请，原文章和广播稿作者之一的玄泊老师，因身体原因没有参加此次写作，是为遗憾，在此表示感谢并祝身体安康。

感谢天津媒体及出版人张桐、于霁丹、刘哲、黄沛、韩玉霞、杨轶、吴丹等各位老师；

感谢燕山大学出版社陈玉社长、董世非总编，董明伟副社长、耿学明副总编以及唐雷、宋梦潇等编辑老师；

感谢以谭汝为先生为首的丛书主编写作团队，感谢张铁荣、刘运峰、仇润喜、赵华、窦明、韩吉辰、张建强、玄泊、师卫华、宋少波等老师的支持；

还要感谢王海冰老师介绍了插图作者李伟老师（与我师弟同名），听到这个名字，看到这种画风，便认定了这就是我想要的插图。感谢李伟。

感谢所有的人。

周醉天

2024 年 7 月 1 日初稿

2024 年 9 月 22 日二稿

2024 年 10 月 19 日三稿

于天津万科新城